104 formas de
de
ENERGIZAR
tus días
Tomo 2

Ron Ball

104 formas de energizar tus días, Tomo 2
por Ron Ball

ISBN: 978-1-64142-101-0

Publicado por
Editorial RENUEVO LLC.
www.EditorialRenuevo.com
info@EditorialRenuevo.com

Contenido

Introducción a 104 formas de energizar tus días,

Tomo 2

Beth fue la primera persona que se comunicó conmigo después del lanzamiento de *104 formas de energizar tus días*. Me dio las gracias por el libro y luego dijo algo que nunca voy a olvidar. «Estas historias positivas breves y sus mensajes motivacionales han tocado mi vida profundamente. Las leo todas las semanas y salgo emocionada y llena de energía y felicidad. Dios te bendiga por escribirlas. Son como tomar una píldora de éxito bendecido todos los días. *Por favor*, danos más».

El mensaje de Beth me motivó a continuar proveyendo más de estos fragmentos de afirmación de la vida con gozo y motivación a la mayor cantidad de personas posible.

Yo necesito una infusión fresca de inspiración cada día y espero y oro para que Dios también te ayude a ver posibilidades a través de estos capítulos para darte inspiración y estímulo.

Estos ensayos fueron originalmente publicados como «Ballpoints», un mensaje motivacional que ahora es leído por más de 40.000 personas a la semana. Yo confío en que esta colección de algunos de los mejores te traerá las bendiciones que necesitas cada semana.

Como en el Tomo 1, el plan es simple. Lee dos de los mensajes cada semana por un año y ¡deja que te proporcionen 104 MÁS formas de energizar tus días!

Que Dios bendiga tu futuro.

1 - Cómo ganar con amor

(enero 1–4)

Kurt Klein, un teniente del Ejército de los Estados Unidos, acababa de cumplir 25 años el día antes de que su unidad liberara a más de 100 mujeres, a punto de morirse de hambre, del encarcelamiento nazi en una pequeña aldea en la frontera germano-checa.

El teniente y sus camaradas encontraron a las mujeres encerradas en un pequeño edificio en una fábrica de bicicletas abandonada. Había 116 mujeres de un grupo original de 1.350.

Los soldados quedaron conmocionados cuando se dieron cuenta de que las mujeres esqueléticas con cabello blanco eran, de hecho, chicas que apenas habían sobrevivido su terrible calvario. Habían sido encerradas dentro del cobertizo y abandonadas para que murieran cuando los soldados nazis se dieron cuenta de que las tropas del ejército estadounidense estaban cerca.

El teniente Klein, que hablaba alemán, se aproximó a una de las jóvenes mujeres y le dijo apaciblemente: «No llores, niña. Ya todo terminó ahora».

Esa chica, llamada Gerda, tenía solo 20 años, pero parecía mucho mayor.

Cuando Klein pidió ver a las otras «damas», ella no podía creer que alguien pudiera referirse a ellas con un término tan gentil y cortés.

Sintió un momento de desesperación, pensando que el joven oficial no había entendido quiénes eran. En voz muy baja dijo: «Somos judías».

El teniente Klein respondió: «Yo también soy judío».

Inundada con alivio y gozo, Gerda acordó guiar a

los soldados hacia las otras mujeres. Más tarde, ella diría que se le resultó difícil creer que estos jóvenes brillantes y respetuosos habían dejado sus hogares en los Estados Unidos y batallado a través de un continente para su libertad.

Gerda y las demás mujeres fueron llevadas a un hospital donde les ayudaron a recuperarse de su calvario. Mientras ella estaba allí, el teniente Klein fue a visitarla y le dijo que sus padres lo habían enviado a él y a su hermano y hermana mayores a los Estados Unidos para escapar de Hitler, pero sus padres quedaron atrapados en Alemania, donde fueron asesinados por los nazis. Él pensó que era su deber regresar y ayudar a ganar la guerra.

Como parte de su rehabilitación, a Gerda se le pidió que usara sus manos para hacer joyería como terapia. La primera cosa que hizo fue una pieza para Klein. Se la envió de regalo con un mensaje que decía: «Una pequeña estrella para ti».

El joven teniente continuó visitándola y un día dejó una rosa roja en el cuarto de Gerda. Las visitas se hicieron más frecuentes, hasta que, en una visita especial, Kurt besó a Gerda.

Con el tiempo, Kurt le pidió a Gerda que se casara con él. Ella dijo que sí. Se casaron y se mudaron a Buffalo, New York, tuvieron hijos y fueron muy felices juntos.

Gerda se convirtió en tal inspiración para mucha gente, debido a su historia y su coraje, que en 2011 fue galardonada con el premio civil más importante en los Estados Unidos, la Medalla Presidencial de la Libertad.

En última instancia, la historia de Gerda y Kurt es una historia de amor. Es una narración del poder del amor para superar los terribles males y restaurar y enriquecer la vida de una persona.

La Biblia dice en 1 Juan 4.8: «*El que no ama no conoce a Dios, porque Dios es amor*». *(NVI)*

Al comenzar un nuevo año, comprométete a ser un embajador del amor. Hazte famoso por tu consideración y compasión. No pienses mucho en ti mismo. Extiende el amor de Dios.

A donde quiera que mires, hay gente que necesita saber que son amados. Haz todo lo que puedas para entregarles ese mensaje.

Este año es tu oportunidad de hacer algo importante. Es tu oportunidad para expresar el amor de Dios.

2 - Un comienzo temprano

(enero 5–11)

Cuando nuestra hija Allison tenía ocho años, un mentor financiero nos aconsejó retirarle su mesada de $5,00 por semana y enseñarle a ganar su propio dinero.

Cuando le quitamos su subsidio, la respuesta de Allison fue inmediata, negativa e intensa. Vigorosamente proclamaba nuestro error cada vez que tenía la oportunidad de hacerlo, especialmente con sus abuelos. Nos debatía (era muy buena) hasta que se dio cuenta de que Amy y yo habíamos tomado la determinación.

Allison entonces enfocó su considerable fuerza de voluntad en abordar su situación financiera. Tuvo cierto éxito vendiendo galletas, y escribió, compuso y vendió un periódico del barrio. Esto terminó siendo más exitoso porque a ella se le ocurrió incluir artículos positivos sobre cada uno de los vecinos. Trabajó duro y de forma consistente y recibió una grata sorpresa cuando su ganancia del primer mes superó su mesada anterior.

Su gran avance llegó cuando tuvo una idea. Debido a que asistía a la escuela primaria, usaba lápices. Se dio cuenta no solo de que otros chicos usaban lápices, sino que también se los acababan y siempre necesitarían comprar más. Su gran intuición se combinó con la realización de otra idea. Había sido profundamente influenciada por las actitudes positivas que encontraba mientras me ayudaba con mi carrera de orador motivacional cristiano y entrenador. Ella creía que si los niños de su edad pudieran estar expuestos a un estímulo positivo, podrían avanzar fácilmente hacia una plataforma sólida de éxito. Decidió crear lápices de escuela impresos con lemas positivos. Su primer diseño decía: «La actitud lo es todo», seguido por otros: «¡Puedes lograrlo!» y «Cree en ti mismo y triunfarás».

Por más de una docena de años, ella promovió su

negocio, nombrándolo Positive Pencils International. Monitoreaba su éxito, expandía el negocio en cada oportunidad y daba el diezmo de sus ganancias a su iglesia y a otras causas cristianas, especialmente a los programas de radio para niños de Enfoque a la Familia.

Su espíritu empresarial la llevó a solicitar admisión a la facultad de derecho después de la universidad. Fue aceptada, se recibió y más tarde, fue admitida a la barra de abogados de Kentucky. Fue secretaria para un juez por un año, sirvió como subprocuradora en su condado, procesando casos de abuso infantil por cuatro años, y eventualmente se convirtió en abogada de bancarrota.

Ella luego sintió que debía postularse para un puesto estatal y utilizó sus probadas habilidades empresariales para gestionar una campaña en todo el estado. Después de ganar las elecciones primarias republicanas, fue decididamente electa al puesto de Tesorera del Estado por un margen de 22 puntos. Sus 571.000 votos superaron el total obtenido por cualquier otro candidato de cualquier partido, incluyendo al gobernador.

No puedes predecir las consecuencias de las elecciones tempranas. Dios usó el entrenamiento temprano de Alison y su respuesta positiva a la opción que le dimos para ayudarla a desarrollar la actitud y disciplina de éxito. Nunca subestimes la importancia de comenzar temprano y comenzar bien. Estás sembrando las semillas de tu futuro hoy.

La Biblia dice en Gálatas 6.7: *«Cada uno cosecha lo que siembra». (NVI)*

3 - Cómo ganar

(enero 5-11)

Era un día increíblemente caluroso. Cuando la temperatura alcanzó 101 grados, la gente comenzó a debilitarse visiblemente. Los niños pequeños lloraban y se quejaban continuamente mientras el calor implacable cocinaba a todos.

Debido a que el asfalto apenas había sido colocado esa mañana, las superficies de la calle y la acera comenzaron a derretirse, y varios peatones perdieron sus zapatos por causa de la succión generada en sus pies, dejándolos varados en el desastre derretido.

Un pequeño grupo de invitados selectos habían recibido entradas, pero 28.000 personas adicionales irrumpieron con boletos falsificados. El enorme número de visitantes adicionales desbordaron los restaurantes y otras instalaciones. La comida y bebida rápidamente se agotaron y la gente no pudo encontrar cómo refrescarse.

Debido a una huelga de plomeros, los propietarios tuvieron que elegir entre tener retretes o fuentes de agua que funcionaran. Eligieron los retretes—una buena idea—pero dejaron a las multitudes sin agua para beber en el calor.

Una fuga de gas cerró la atracción principal y forzó a las crecientes multitudes hacia menos áreas, lo cual solo incrementó la aglomeración.

Una réplica gigante y meticulosamente detallada de un famoso bote fue abordado por tantos pasajeros que estuvo a punto de hundirse y la gente tuvo que ser rápidamente evacuada de él.

Los medios de noticias locales y nacionales se burlaron del día, tildándolo como «El domingo negro», y predijeron un fracaso total al proyecto.

Era el 17 de julio de 1955 y Disneyland acababa de abrir sus puertas.

Cuando las multitudes se habían ido y las puertas fueron cerradas, Walt Disney tomó una decisión. Llamó a su equipo ejecutivo y anunció que el día les había dado una tremenda oportunidad. La experiencia de haber manejado a 28.000 personas no esperadas moviéndose por un parque no terminado les había dado la oportunidad de aprender cómo llevar a cabo tal operación en la realidad y no en teoría.

Por lo tanto, Disney organizó y guio una fuerza de trabajo especial que estudió cada detalle del desastre y desarrolló los planes que, con el tiempo, llevaron al magnífico funcionamiento de los parques fabulosamente exitosos de hoy.

Sencillamente, Walt Disney sabía cómo ganar. Él supo cómo aprender de las dificultades, reagruparse y avanzar. ¿Qué me dices de ti?

Este es un año de posibilidades inexplotadas y de potencial invisible. Es inspirador imaginar lo que puedes hacer este año si tienes este tipo de actitud «Disney».

Con este enfoque positivo, puedes creer en lo mejor, esperar lo máximo e impulsarte hacia adelante. Puedes encontrar una forma de ganar.

La Biblia dice en Proverbios 24.3: «*Con sabiduría se construye la casa; con conocimiento se echan los cimientos*». *(NVI)*

4 - Enemigos innecesarios

(enero 12-18)

La autora e investigadora Amy Stewart escribe que ciertas plantas comunes de hogar y jardín en realidad pueden ser enemigos ocultos en tu hogar.

El árbol de ficus es una planta popular y ornamental utilizada en hogares y oficinas. Sus hojas verde-oscuro y apariencia esbelta agregan una presencia atractiva en muchas esquinas y junto a los sofás y escritorios. El problema es que la savia gruesa del árbol es venenosa y puede causar graves reacciones alérgicas. Stewart, en su libro *Wicked Plants* (Plantas malvadas), cuenta la historia de una mujer que desarrolló varios síntomas alarmantes y entró en un choque anafiláctico. La respuesta del choque anafiláctico y todos síntomas desaparecieron cuando el árbol fue removido de su casa. También cuenta de experiencias similares que fueron producto del contacto con árboles de caucho en los hogares.

La hiedra inglesa es otra planta popular que está presente en muchos patios suburbanos y que suele ser usada como una planta en maceta. Aunque la mayoría de la gente no come las bayas producidas por la planta, son tóxicas y pueden causar graves problemas intestinales. La savia de las hojas puede causar reacciones serias en la piel y producir ampollas.

En el 2005, más gente llamó a los centros de control de veneno debido a incidentes con lirios de paz blancos que por la ingestión de cualquier otra planta. Esta planta popular frecuentemente es usada como una decoración interior, pero contiene cristales de oxalato de calcio que irritan la piel, interfieren con la deglución y pueden inducir náuseas.

Contrario a la opinión común, la hermosa flor de pascua de navidad no es venenosa, y salvo la posibilidad de una comezón leve ocasional cuando la savia toca la piel, es totalmente segura.

Mucha gente permite la entrada de estas plantas «enemigas» a sus hogares sin ningún conocimiento de su daño potencial.

Es incluso más importante evitar enemigos innecesarios en tu vida. Uno de mis más importantes mentores me dijo al principio de nuestra relación que «nunca me hiciera de un enemigo innecesario». Nunca sabes qué efectos tu desahogo puede tener en ellos. Puede que reaparezcan en tu vida más adelante, con una primera impresión negativa de ti. El riesgo simplemente no vale la pena.

Tú, por supuesto, deberías intentar vivir en paz con todos. Pero es especialmente importante hacer todos los amigos que puedas y tener la menor cantidad de enemigos posible. Simplemente tiene mucho sentido.

La Biblia dice en Romanos 12.18: *«Si es posible, y en cuanto dependa de ustedes, vivan en paz con todos». (NVI)*

5 - Un enfoque sin miedo

(enero 12–18)

La amaxofobia es el temor a andar en vehículos. La escopofobia es el temor a los espías—así es, espías. La triscaidecafobia es el miedo al número 13.

Mucha gente famosa ha sufrido de fobias extrañas e irracionales. El escritor británico y filósofo político Thomas Hobbes tenía tal fobia a la oscuridad que siempre dormía con una lámpara encendida. El pintor Degas tenía tanto miedo de las flores y el perfume que el aroma de ambos le producían oleadas de náuseas.

Napoleón, el conquistador de Europa, peleó toda su vida y perdió la batalla con la ailurofobia, el temor a los gatos. Napoleón fue una vez sorprendido en su alcoba por un ayudante, quien registró que vio al general sacudiendo su espada frenéticamente contra un gatito asustado. El rey Enrique III de Francia también le tenía un temor de muerte a los gatos.

Erasmo, el famoso erudito y escritor holandés del Renacimiento, temía al pescado de tal manera que caía con fiebre cuando siquiera olía uno.

Winston Churchill sentía semejante disgusto, rozando el miedo, contra los asientos de inodoro que se negaba a usarlos. Cuando un plomero le sugirió la instalación de un asiento, Churchill, irritado, le respondió: «No tengo necesidad de tales cosas».

Hay una cosa que se destaca en estos ejemplos. Toda la gente involucrada experimentó fuertes reacciones cuando encontraron sus temores y usaron estas reacciones como una excusa para huir de sus miedos. Se enfocaron en su miedo y el resultado fue más miedo.

Los psicólogos usan la terapia cognitiva para ayudar a la gente a superar sus temores. Exponen al individuo a la fuente de su miedo en un espacio seguro y controlado, y ayudan a sus pacientes a darse cuenta, de forma gradual, de que su miedo es un fantasma sin sentido. Los terapistas ayudan a sus clientes a cambiar su enfoque del miedo a la realidad. El nuevo «enfoque sin miedo» puede, eventualmente, reemplazar al «enfoque del miedo».

Enfrenta tus temores. Aprende a adjuntar pensamientos positivos a lo que temes. Cambia tu enfoque.

La Biblia dice en Salmo 23.4: «*No temo peligro alguno, porque tú estás a mi lado...*». *(NVI)*

6 - Enamorado de la creatividad

(enero 19-25)

Hace algunos años, se instaló un baño público en el Parque Golden Gate de San Francisco. Fue hecho a imagen de un diseño holandés llamado «Hondentoilet». Estaba lleno de arena y su particularidad más inusual fue la inclusión de múltiples bocas de incendio diseñadas para parecerse a soldados americanos revolucionaros. El baño era para perros.

Para no quedar atrás, New York unió sus fuerzas con la Agencia de Protección Ambiental para desarrollar un programa para entrenar a la gran población canina de la ciudad a usar, de forma voluntaria, el sistema de drenaje para «eliminar». A los perros no les interesó y el programa fracasó.

Un zoológico en Portland, Oregon una vez construyó una ducha especial para sus elefantes. Un lavadero de autos se desmanteló y reensambló en el zoológico y los elefantes fueron entrenados para entrar y abrir y cerrar la llave del agua. Esta idea tuvo éxito porque los elefantes fueron mucho más cooperativos que los perros de New York.

Un león africano de 225 libras (102 kg) fue reclutado para una huelga de un sindicato de trabajadores en Detroit, Michigan cuando los huelguistas decidieron que necesitaban ayuda adicional para hacerse entender. El león fue secretamente transportado al sitio de la huelga y utilizado para llamar atención a las demandas del gremio. Funcionó.

Nunca sabes adónde te llevará la creatividad. A veces una idea funciona y otras veces no. Pero recuerda que nada ocurre a menos que se intente. Todo el progreso depende de probar ideas—incluso las ideas locas.

Si deseas mejorar tu vida, entonces enamórate de tu

creatividad. Libera tu visión oculta. Desata tus sueños. Nada pasa hasta que hagas algo.

Inspira tu creatividad esta semana haciendo lo siguiente:

1. Escucha música que nunca escuchas.
2. Ve un programa de televisión en el que nunca has estado interesado.
3. Lee una revista o visita un sitio de internet que maneje información de un tema del que no sabes nada.
4. Escribe cinco nuevas ideas por semana. Intenta por lo menos una.
5. ¡Diviértete!

La Biblia dice en Proverbios 13.19: «*El deseo cumplido endulza el alma*». *(NVI)*

7 - GRANDE

(enero 19-25)

El árbol del baobab, nativo de África, es una de las especies de árboles más grandes en el planeta. El tronco puede llegar a medir hasta 30 pies (9,1 m) de grueso y muchos grupos tribales locales usan los árboles como casas. Una vez que se selecciona un árbol, es ahuecado y se crean varios cuartos para que los habiten las familias. El árbol es conocido por su forma inusual, con ramas gigantes que se extienden hacia arriba y que se asemejan más a raíces que a ramas. Debido a su extraña apariencia, una vieja leyenda árabe narra que los árboles fueron misteriosamente desarraigados y replantados al revés.

En diciembre de 1970, un hotel especial fue inaugurado en una de las laderas del imponente monte Everest. Acceso al hotel, situado a 12.800 pies (3,9 km) sobre el nivel del mar, era por medio de un vuelo desde Katmandú o mediante una excursión de 12 días hacia la ubicación del complejo. Las camas fueron diseñadas con tanques de oxígeno y todos los cuartos tienen vistas asombrosas de 15 de las montañas más altas del mundo.

A finales del siglo 19, el arquitecto James Lafferty diseñó un hotel extraño en Margate City, New Jersey. El hotel tenía la forma de un elefante usando su trompa para beber de un abrevadero. El diseño era enorme: 75 pies (22,8 m) de largo y 85 pies (25,9 m) de alto, coronado por una plataforma de observación diseñada para parecerse a una *howdah* (una plataforma tradicional usada para montar elefantes en la India) con vista al Océano Atlántico.

En 1883, Lafferty diseñó una estructura tipo elefante aún más grande en Coney Island, New York. Medía 122 pies (37 m) de alto y alojaba una tienda de puros en una pata delantera, un elevador en la otra y escaleras en cada una de las patas traseras. La gente podía rentar cuartos en cualquier parte del elefante que prefirieran. Fue destruido por un incendio en 1896.

Todas estas estructuras poco comunes tenían una cosa en común. Todas eran GRANDES.

Cuando yo comenzaba mi carrera de orador, un amigo me recomendó que leyera un libro escrito por un profesor de la Universidad del Estado de Georgia. Compré el libro, pero no lo leí por varios meses. Pensé que el título era interesante, pero un tanto simplista. Cuando leí el libro, quedé sorprendido. Ese libro breve alteró la forma en la que yo veía la vida y el éxito. El título expresaba la idea poderosa del libro, *La magia de pensar en grande*. Soy diferente hoy porque elegí creer en el contenido de ese libro.

¿Qué tan grande sueñas? ¿Qué tan alto alcanzas? ¿Qué tan lejos quieres ir? Una cosa es cierta—solamente lograrás el nivel de tu meta más grande.

Toma un momento y ora por la guía de Dios, luego escribe en una hoja de papel una meta extravagante, loca y feliz que solo podrás conseguir con la ayuda de Dios. Luego, anota lo que estás dispuesto a hacer para lograr esa meta. ¡Comienza!

La Biblia dice en Efesios 3.20 que Dios «*puede hacer muchísimo más que todo lo que podamos imaginarnos o pedir, por el poder que obra eficazmente en nosotros*». *(NVI)*

¡Caramba! Eso es GRANDE.

8 - Fuerza interior

(enero 26–febrero 1)

El nuevo puente de Brooklyn fue llamado la octava maravilla del mundo cuando fue inaugurado el 24 de mayo de 1883. El puente fue recibido con elogio universal. Todos los puentes de suspensión previos habían fallado, pero la gente creía que este puente, el puente más grande de suspensión alguna vez construido y con más de una milla de largo, era diferente. Le confiaban sus propias vidas.

Lo que la gente no sabía era que la corrupción ya había amenazado a la poderosa estructura. El 11 de enero de 1877, la junta directiva que supervisaba la construcción del puente otorgó el contrato para el cableado de acero crítico a J. Lloyd Haigh, un fabricante regional de acero. Eso fue un grave error.

El ingeniero jefe Washington Roebling le había advertido a la junta en varias ocasiones que Haigh no era de fiar. Roebling estaba opuesto por un miembro influyente de la junta, Abram S. Hewitt, quien más tarde fuera elegido alcalde de la ciudad de New York. Con el tiempo, se descubrió que Hewitt tenía la hipoteca de la fábrica de Haigh y apoyó la licitación de Haigh porque pensó que el contrato le garantizaría que los pagos de la hipoteca le serían pagados en su totalidad.

Haigh ganó el contrato y procedió a engañar a la junta. El plan de Haigh era simple. Él producía un rollo del cableado fuerte y pesado que era requerido para la seguridad del puente y después de que los inspectores lo aprobaban, él lo sustituía por un rollo más barato y más débil que sería usado en la construcción. Él luego volvía a presentar el rollo bueno cuando los inspectores regresaban y así repetía el fraude. Eso fue hecho una y otra vez.

Nadie detectó el fraude de Haigh a tiempo. Lamentablemente, Roebling estaba enfermo con síndrome de descompresión por haber trabajado debajo del río Hudson y no pudo intervenir. El cable peligrosamente delgado fue instalado y se completó el puente.

Solo una cosa salvó al puente y a posiblemente miles de vidas. Roebling anteriormente había decidido anticipar algunos desafíos estructurales, agregando muchos más rollos de cable en los planes de ingeniería que nadie creyó que fueran necesarios. De acuerdo al historiador David McCullough, era imposible reemplazar los cables ya instalados, pero la súper abundancia de cable que Roebling agregó como medida de seguridad salvó al puente. En la actualidad, sigue en pie.

Cuando tú desarrollas tu fuerza interior, te preparas para lo inesperado. Cuando construyes tus reservas internas, estás mejor equipado para superar los desafíos que enfrentarás. Tal como Roebling agregó cable extra, tú puedes agregar fortaleza interna y fe que te protegerá a medida que avances.

Te recomiendo que alimentes tu ser interior con ánimo y fe. Aliméntate con libros y audios positivos. Pasa tiempo con personas que te hagan ser mejor. Lee historias emocionantes de hombres y mujeres que superaron las dificultades y ganaron. Estudia pasajes de la Biblia que inspiren y despierten tu alma. Pasa tiempo de calidad con Dios en oración dinámica. Acumula tanta fuerza interior que estarás listo para lo que sea. Acumula fuerza extra hoy para lo que sea necesario mañana.

La Biblia dice en Filipenses 4.13: «*Todo lo puedo en Cristo que me fortalece*». *(NVI)*

9 - Los amigos

(enero 26–febrero 1)

Mⁱ mamá adora a los animales.

Incluso al día de hoy, las mascotas del barrio y otras criaturas que nadie antes ha visto aparecen en su porche de forma consistente. Mamá alimenta a todos los que llegan y no le da la espalda a ninguno. Ha recibido a los gatos y perros comunes, y también mapaches, zarigüeyas y uno que otro venado ocasional. Ella y mi padre viven en una pequeña ciudad de Kentucky rodeada de montañas que abundan con vida salvaje. Recientemente, un oso negro fue encontrado paseando por una calle cerca de su casa. Lo tranquilizaron y lo regresaron al bosque. Todos los animales que llegan a la casa de mamá parecen estar cómodos y relajados. Parece que perciben que están seguros con ella.

Cuando era niño, mis padres me dieron muchas mascotas para mi deleite. A través de los años, tuve perros (mi favorito era Checker, una mezcla de collie/husky que vivió 15 años), varios periquitos, peces, conejos, un enorme pato blanco llamado Ferdinand, hámsteres y un mono araña de Suramérica llamado Chico, que era el animal más malvado que alguna vez tuvimos. Siempre estaba escapándose a los árboles y a mí me daban la misión de hacerlo bajar con bananas.

La mascota más inusual que casi recibí fue un elefante bebé. Le pedí uno a mi mamá—definitivamente la persona correcta para mi pedido—cuando tenía 10 años. Ella trató de encontrar y comprar uno, hasta que un oficial del gobierno le dijo que ella no podría obtener el animal legalmente. Yo estaba decepcionado, pero creo que mamá lo estaba aún más. Se había emocionado mucho con lo del elefante.

Lo especial acerca de todas estas mascotas fue la amistad que aprendí al conocerlos. Siempre se veían felices de verme, excepto el mono y los peces. Mi perro, Checker, verdaderamente era mi mejor amigo cuando iba creciendo. De acuerdo a la información publicada en el sitio de internet WebMD, las mascotas pueden bajar la presión arterial, mejorar la depresión e incluso ayudarte para que consigas parejas potenciales para salir si eres soltero. Las mascotas son excelentes amigos.

También necesitas buenos amigos humanos. La Clínica Mayo dice que los estudios demuestran un vínculo entre la buena salud y las buenas relaciones sociales.

Toma tiempo para cultivar amistades. La Biblia dice en Proverbios 27.17: *«El hierro se afila con el hierro, y el hombre en el trato con el hombre».* *(NVI)* Otro versículo en Proverbios 17.17 dice: *«En todo tiempo ama el amigo».* *(NVI)*

Sé un amigo primero. Esto te ayudará a crear y disfrutar de la amistad. Puede ser una de las mejores inversiones que alguna vez hayas hecho.

Por supuesto, Dios es tu mejor amigo.

10 - Los milagros ocasionales

(febrero 2–8)

Cuando yo era estudiante en la Universidad Asbury, algo extraordinario ocurrió una mañana de febrero.

Había concluido un servicio diario en la capilla. La música terminó y el mensaje también, cuando un estudiante de último año se levantó desde la parte trasera del auditorio y pidió hablar. Era un compañero popular que había sobresalido en deportes. Era gracioso y le caía bien a todos. Sorprendió a la asamblea cuando explicó que, aunque había pasado casi cuatro años en una escuela cristiana, no tenía ninguna relación personal con Jesucristo y se sentía espiritualmente vacío. Pasó al frente del salón y comenzó a orar. La respuesta fue inmediata y poderosa. Cientos de estudiantes y miembros de la facultad se le unieron.

Ese fue el comienzo de un tiempo de milagros. Nuestro campus cerró por semanas mientras la gente llegaba desde todos los Estados Unidos. Los periódicos enviaron reporteros desde lugares tan lejanos como San Francisco (la escuela está en Kentucky). Miles de personas hicieron compromisos personales con Cristo y cientos experimentaron una sanación física dramática. Vi a un joven, un parapléjico con la columna vertebral rota, llegar en silla de ruedas al auditorio y lo observé levantarse y salir caminando, completamente recuperado. Los milagros se hicieron comunes.

Un líder local prominente confesó sus pecados sexuales secretos y prometió seguir los principios morales de Dios sin más concesiones. Cientos de personas siguieron su ejemplo. Se cancelaron divorcios, familias fueron sanadas y el perdón fluyó con libertad.

Una mañana, a unas cuantas semanas después del inicio de este despertar espiritual, yo iba caminando a través del campus. De repente oí un coro de voces cantando en voz alta. No podía entender las palabras, pero la extraordinaria belleza de la música me conmovió. Nunca había oído algo tan lleno de gozo conmovedor. El poder del sonido en coro era indescriptible. Miré alrededor y vi grupos de estudiantes, de pie y en silencio, mirando hacia arriba y solo escuchando.

Entre al salón de asambleas y la música llenaba cada área del edificio, aunque no había ningún grupo cantando. Los estudiantes entraron en fila, se detuvieron y escucharon. Todos oyeron el mismo coro. La presencia de Dios se hizo real de forma vívida y la música solo consolidó esa realidad. Luego, tan repentinamente como había comenzado, la música sobrenatural paró. Nunca la volvimos a escuchar. Fue como si por un momento se nos hubiera permitido escuchar ángeles cantando.

Sé que este es un «Ballpoint» poco común, pero debido a que hoy, día 3 de febrero, es el aniversario de este evento asombroso, quería compartir esta experiencia personal contigo. A veces Dios nos regala milagros ocasionales. No ocurren muy a menudo, pero cuando lo hacen, cambian todo. Debido a que me tocó vivir este «milagro ocasional», nunca he dudado que Dios es real y está activamente involucrado en nuestras vidas. Ese conocimiento me ha sustentado. Ese es el poder de los milagros.

Puedes leer el libro *One Divine Moment* (Un momento divino) para aprender más acerca de este evento increíble.

La Biblia dice en Ezequiel 34.26: «*Haré caer lluvias de bendición...*». *(NVI)*

11 - Escucha la música

(febrero 2–8)

Puede que haya sido el concierto más loco de todos los tiempos. Al menos eso pensaron los monos.

En 1940, Tommy Dorsey, el director de banda más famoso en los Estados Unidos, llevó a ocho miembros de su banda al zoológico de Philadelphia para realizar un extraño experimento. Dorsey hizo que los músicos tocaran varios arreglos de la música swing popular de Dorsey, exclusivamente para los monos y chimpancés alojados en el zoológico, y que luego observaran sus reacciones. Los animales se volvieron locos.

La revista de música *The Etude* se enteró del extraño concierto y envió a un corresponsal a entrevistar a uno de los asistentes del zoológico, quien dijo que cuando la música comenzó, «…los monos no pudieron soportarla». El reportero registró que: «La banda primero tocó un poco de jazz violento. Los chimpancés estaban asustados de muerte. Estaban correteando por todo el lugar, buscando la protección de sus cuidadores y ocultándose bajo los bancos… Un chimpancé trató de quitarle el trombón a Tommy Dorsey».

Se puso peor. Los primates se pusieron tan violentos que la banda tuvo que dejar de tocar. Un miembro de la banda comentó que cuando uno de los chimpancés viejos lo miró con una mirada de resentimiento y dolor, él no pudo soportarlo y se negó a seguir tocando.

Finalmente, Dorsey se decidió por un enfoque musical diferente. Les instruyó a los músicos que tocaran las notas suaves y simples características del tema emblema de la banda, "I'm Getting Sentimental Over You" (Me vuelvo sentimental acerca de ti). Los animales inmediatamente se calmaron, se sentaron en silencio y observaron el resto del concierto con obvio interés.

Casi todos estamos conscientes del poder de la música. Las canciones conmovedoras se usan para motivar a los fanáticos en eventos deportivos y la música familiar se agrega a los comerciales para vender productos. La música permea nuestra cultura. Yo escucho las mismas canciones populares en la República Checa, Ucrania o El Salvador que escucho en Kentucky o en Florida. La música es un lenguaje internacional.

Yo me inspiro con la música cristiana de alabanzas. Disfruto de Mozart. Me lleno de energía con la música pop con un gran ritmo. La música hace una diferencia en mí.

Te puedes beneficiar emocionalmente al escuchar la música correcta. Haz una prueba. Escucha una variedad de música y monitorea cómo te sientes. ¿Cuáles piezas elevan tu espíritu y te dan paz y confianza? ¿Qué canciones y piezas instrumentales te inspiran y te energizan? Sumérgete en la música que te haga feliz y te dé el impulso para lograr grandes cosas. Escucha música que te tranquilice cuando necesites relajarte. Deja que la música correcta mejore y guíe tu vida interna. Escucha la música.

La Biblia dice en Salmos 98.4: «*Aclamen alegres al Señor, prorrumpan en alegres cánticos...*». *(NVI)*

12 - Los reactores

(febrero 9–15)

La vieja palabra en latín para este objeto celestial es la misma que hoy usamos en español para referirnos al mismo objeto. Me estoy refiriendo, por supuesto, al Sol.

Nuestro sol es una estrella de tipo-G de la secuencia principal (conocida como una enana amarilla) que es más brillante (y más joven) que el 85 % de las estrellas en nuestra galaxia. Pesa 2 quintillones de kilos y representa el 99,86 % de la masa de todo el sistema solar. Es más de un millón de veces más grande que la tierra. Aproximadamente 960.000 planetas tierra podrían caber en el sol si fuera hueco.

El sol está a 92,96 millones de millas (146,9 millones de kilómetros) de la tierra y tarda 8 minutos y 20 segundos para que la luz del sol nos alcance, aunque a esa misma luz le toma millones de años para viajar del centro del sol a la superficie, antes de que sea transmitida a nosotros. El sol es también la única esfera perfecta conocida en todo el mundo natural.

El sol está compuesto de 75 % de hidrógeno, 25 % de helio y es más caliente que lo que pudieras imaginarte. La temperatura del núcleo solar es de alrededor de 15 millones de grados Celsius y la de la superficie es de 5.500 grados Celsius.

En el núcleo del sol hay un reactor nuclear gigantesco. El sol abastece este proceso continuo de fusión nuclear con su abundante suministro de hidrógeno. Este reactor nuclear en el cielo hace que la vida sea posible en nuestro planeta. Todo funciona perfectamente para hacer de nuestra existencia una realidad.

Aunque este es un ejemplo de una reacción con resultados positivos, hay otra forma de reacción que puede ser negativa y peligrosa. Cuando tú «reaccionas» sin pensar y dices palabras que lamentas o «reaccionas» en una situación estresante y pierdes los estribos, puedes causar daño a tus relaciones y a tu reputación. Ten cuidado de no llegar a ser un reactor humano.

Ve a tu alrededor. La gente reacciona mal al tráfico, vendedores groseros y miembros de familia que no dicen las cosas de una forma en la que preferirían. Los malentendidos germinan como los hongos después de la lluvia. Todo esto ocurre porque has elegido ser un reactor en lugar de un líder.

Aprende a elegir la calma. Controla tus comentarios impulsivos. Piensa antes de reaccionar. Es mejor prevenir problemas que tratar de corregirlos.

Algunos psicólogos dicen que tienes aproximadamente de 3 a 5 segundos antes de responder. Entrénate a ti mismo a usar ese margen para enfocarte en hacer o decir lo correcto. Te dará gusto haberlo hecho.

La Biblia dice en Salmos 141.3: *«Señor, ponme en la boca un centinela; un guarda en la puerta de mis labios». (NVI)*

13 - Un legado moderno

(febrero 9–15)

«¿Qué fue lo que hizo usted?» Esa fue la pregunta que me hizo una mujer esta mañana.

Fui invitado al 50° Desayuno Anual de Oración de la Mancomunidad de Kentucky, presentado por el nuevo gobernador, Matt Bevin. El centro de convenciones estaba totalmente abarrotado. Líderes de negocios, legisladores, figuras políticas, celebridades deportivas y ciudadanos comunes de todas partes del estado habían llegado para honrar a Dios y orar por Su guía y bendición.

El gobernador republicano y la vicegobernadora (la primera mujer afroamericana en servir en ese puesto) hicieron comentarios inspiradores, profundos y centrados en Cristo. La música era profesional y estimulante. Numerosos líderes ofrecieron oraciones sinceras y la reinante Miss Kentucky, la más joven de la historia (y también afroamericana) cantó el himno nacional.

John Calapari, entrenador principal del equipo masculino de baloncesto de Kentucky, habló de forma conmovedora acerca de sus abuelos inmigrantes y exhortó a todos los presentes a dar una mano cristiana de ayuda, amar y alentar a otros y servir con un corazón agradecido.

No obstante, el mejor momento para mí fue cuando nuestra hija Allison se levantó para presentar a cada invitado distinguido con comentarios distintos acerca de cada individuo. Allison habló claramente y con autoridad. Su personalidad permeó las observaciones.

Allison estuvo en el programa porque hace poco fue electa como Tesorera Estatal de Kentucky, la directora de finanzas del estado. Ella ganó su elección con el total más grande de votos que ningún otro candidato o ningún otro partido y es ahora la mujer más joven elegida como oficial de estado en los Estados Unidos.

La mujer que conocí después del evento me preguntó, en referencia a Allison: «¿Qué fue lo que hizo usted?».

La respuesta es simple. Desde una temprana edad, la guiamos a ella y a su hermano Jonathan hacia una relación personal con Jesucristo. Les enseñamos a los dos a amar y servir a la gente y tener metas gigantes. Los entrenamos para que fueran respetuosos y generosos con su tiempo y su dinero. Les dijimos que nunca debía tratarse de ellos mismos, sino de la gente a la que Dios quisiera que sirvieran. Los hicimos valientes al ponerlos a los dos sobre escenarios para que hablaran en frente de miles de personas cuando tenían ocho años. Intentamos moldearlos como líderes. Hicimos todo esto mientras pedíamos diariamente a Dios que los protegiera, los posicionara y los desarrollara.

Jonathan es ahora un estudiante en la facultad de derecho preparándose para una carrera legal. Planea entrar a la política como su hermana.

El tiempo y entrenamiento que inviertas en la próxima generación no tiene precio. El futuro yace allí. Da tu corazón y tu compromiso para crear un legado moderno. Este legado es verdaderamente importante.

La Biblia dice en Salmos 127.3: «*Los hijos son una herencia del Señor*». *(NVI)*

14 - El estímulo de la genialidad

(febrero 16-22)

¿**E**res un genio?

Erick Wiener, en su libro *The Geography of Genius* (La geografía de la genialidad), escribe acerca de su búsqueda de las causas de la genialidad. Weiner seleccionó varias ciudades que son famosas por el número de genios que produjeron y viajó a esas ciudades para intentar descubrir sus secretos.

Weiner visitó Atenas, Grecia; Hangzhou, China; Florencia, Italia; Edimburgo, Escocia; Calcuta, India; Viena, Austria y Silicon Valley en California. Se sumergió en la historia y la cultura de cada lugar y organizó sus conclusiones en su libro.

Weiner descubrió por lo menos siete características comunes en los lugares que estudió.

1. Se honraba la creatividad y la examinación inteligente de la vida. Weiner cita a Platón, quien dijo: «Lo que se honra en un país, se cultivará allí». Atenas valoraba la ciencia, la filosofía y el teatro. Florencia valoraba el arte. Edimburgo valoraba la invención práctica y la tecnología. Viena valoraba la música hermosa.

2. La gente estaba continuamente en movimiento, especialmente al aire libre. Los pensadores más excepcionales eran grandes caminantes. Sócrates, Leonardo da Vinci, Charles Dickens y la mayoría de otros «genios» caminaban varias millas y desarrollaban sus ideas al aire libre. Einstein amaba la naturaleza y la veía como una evidencia de Dios.

3. Las conversaciones estimulantes e incluso agresivas dominaban la vida social. Los líderes escoceses de Edimburgo eran famosos por «insultarse en verso», un tipo de conversación que era comparada a un

combate verbal. La conversación dinámica era característica de todos los lugares de la «genialidad». Pero había un elemento adicional que hacía funcionar la conversación y el debate. Nadie era hostil o mostraba animosidad. Todos debatían intensamente y luego se perdonaban y olvidaban la emoción y seguían siendo buenos amigos.

4. La «edad de oro» de cada ciudad estaba ligada a las dificultades y desafíos. Weiner dice que los pensadores creativos de cada lugar estaban obligados a luchar contra «restricciones» y superar obstáculos. Nada era fácil.

5. Existía una actitud receptiva poco común hacia diferentes culturas y perspectivas. Se realizaba una continua polinización cruzada.

6. A cada ciudad le importaba el lenguaje preciso. La gente tenía cuidado de expresarse con grandes vocabularios y oraciones bien estructuradas. Esto ayudaba a la gente a pensar más claramente. Las palabras groseras y la obscenidad eran principalmente vistas como la forma en que los individuos poco inteligentes e incultos se expresaban y eran mal vistas.

7. La gente vivía en ambientes interesantes. Se rodeaban de inspiración visual y preferían la arquitectura que expresara belleza y pensamiento.

Weiner cree que estos simples elementos ayudaron a la gente a descubrir la genialidad.

¿Qué me dices de ti? ¿Qué puedes aprender de estas siete características? ¿Dónde necesitas crecer? ¿Qué necesitas cambiar?

Quizá puedas descubrir tu propia genialidad dada por Dios. ¡Qué emocionante!

La Biblia dice en Salmos 119.18: «*Ábreme los ojos, para que contemple las maravillas de tu ley*». *(NVI)*

15 - El perro negro

(febrero 16–22)

Tenemos un perro obstinado, retozón y amoroso llamado Rupert. Aunque es un pequeño bichón blanco, fue nombrado en honor a un enorme Golden Labrador que conocimos en el New Hall en Manchester, Inglaterra.

El New Hall tiene 600 años, pero es llamado «nuevo» en inglés porque es la residencia más nueva en el área. New Hall es ahora un hotel encantador y es la única casa con foso abierta a los visitantes que queda en Inglaterra. Todos disfrutamos tanto de Rupert, el Labrador, que decidimos llamar a nuestro próximo perro, Rupert.

Quiero llamar tu atención a otro perro que tiene una influencia en mucha gente. Churchill lo llamó «el perro negro».

En un libro reciente, *God and Churchill*, el bisnieto de Winston Churchill, Jonathan Sandys, comentó acerca de la lucha de Churchill contra su depresión, la que él mismo llamaba «el perro negro». Sandys dijo que se identifica con su famoso pariente porque él también tuvo que combatir contra la bestia negra de la depresión.

La depresión de la que te estoy platicando hoy no es la depresión seria y debilitante que dura meses, invalida tu vida y requiere ayuda profesional. La depresión a la que me estoy refiriendo es la experiencia ordinaria de sentirse «deprimido» o desalentado.

Este perro negro es un compañero común que nos acompaña a la mayoría de nosotros en algún momento. Es una depresión que es casi situacional. Eso significa que es causada por las circunstancias de tu vida. Es un «perro» nacido de tu «situación».

Quiero darte seis formas simples de domar a tu perro negro y restaurar tu felicidad.

1. Levántate. Elévate al enfocarte en pensamientos felices y positivos. El Dr. Daniel Amen, un especialista en el cerebro, dice que tus pensamientos positivos de hecho pueden cambiar la química de tu cerebro y alterar tus células. Puedes alimentar tus pensamientos negativos o puedes matar de hambre al animal con pensamientos positivos. ES UNA ELECCIÓN.

2. Ponte en marcha. Churchill dice que se mantenía a la vanguardia de su perro negro al mantenerse ocupado con proyectos emocionantes y significativos. El «perro negro» te pierde el rastro cuando te mueves demasiado rápido para que te siga. Sigue adelante.

3. Sal. Sal al aire libre. Toma una caminata enérgica. Hasta el ejercicio moderado libera endorfinas en tu cerebro que elevan tus emociones y crean sentimientos de placer.

4. Involúcrate. Es difícil estar deprimido cuando te involucras en las vidas de otras personas. Dios te da una bendición especial cuando das a alguien más. Yo una vez vencí un momento de depresión en mi vida cuando visité a varias personas en el hospital. Todavía recuerdo el gozo de ayudarlos. El «perro negro» no pudo soportarlo y huyó.

5. Ponte musical. La música positiva y estimulante puede sanar tu corazón. Mi difunto amigo, Charlie «Tremendous» Jones, una vez me dijo que pasó por un periodo de depresión y la música lo sacó.

6. Ábrete. Abre tu corazón a Dios. Él te ama y quiere animarte. Su amistad cambiará tu vida. Lee y memoriza sus promesas en la Biblia. El «perro negro» retrocede ante la Palabra de Dios.

Adelante. Vence al perro. Sé feliz.

La Biblia dice en Filipenses 4.4: «*Alégrense siempre en el Señor...*». *(NVI)*

16 - No se trata de ti

(febrero 23-29)

Muchos de ustedes no saben que C.E. Crouse recientemente se retiró. La razón por la que no están conscientes es porque ustedes no conocen a C.E. Crouse.

C.E. Crouse trabajó por varios años como socio fundador de una firma de contabilidad pública en Indianapolis, Indiana. Él ha estado fielmente casado con Lolita por varias décadas y es cercano a sus hijos y múltiples nietos. Mide seis pies y ocho pulgadas de estatura (2 m) y le gustan los grandes SUV (los necesita) y pequeños pueblos. Siempre usa botas de vaquero, las cuales agregan más a su considerable estatura.

C.E. creció en un pequeño pueblo de Kentucky donde su padre era un dueño de negocios rico y exitoso. Entre sus parientes figuran la familia Luce de Ft. Valley, Georgia, quienes construyeron la compañía Blue Bird School Bus y la hicieron una de las más grandes y más respetadas compañías en esa industria.

La semana pasada, acudí a una cena de tributo en honor a C.E. y a su esposa. La gente llegó desde todos los Estados Unidos para reconocer los logros de este hombre destacado. Tanto el gobernador de Kentucky como el alcalde de la comunidad donde se dio la cena proveyeron premios especiales.

La razón de todo este reconocimiento era porque C.E. no solo se había retirado de su firma corporativa, sino que también se había retirado de servir como presidente de la junta directiva de la Universidad Asbury, una institución cristiana altamente respetada con 126 años de historia, un puesto que ocupó por 23 años. Durante este tiempo, él invirtió miles de horas, viajó miles de millas, sirvió con una dedicación excepcional y guio la universidad a través de los términos de siete presidentes. Él fue la base de estabilidad de una organización importante e hizo todo esto con un alegre enfoque y un liderazgo inteligente. Peleó batallas, pero gracias a su administración justa y honesta, nunca se hizo un enemigo. Una cosa más: él nunca recibió una compensación financiera por todos esos años de servicio y sacrificio. Lo hizo sin recibir ninguna remuneración.

Yo he servido en la junta directiva con C.E. por los pasados ocho años. Su ejemplo ha inspirado mi vida. La razón por la que tanta gente llegó el viernes pasado a rendir homenaje a este hombre es porque reconocieron la grandeza que está basada en contribuir a las vidas de otras personas.

La lección de este Ballpoint personal es simple. La grandeza no se trata de ti. Se trata de lo que haces por otras personas. Si deseas ser infeliz, entonces elige el egoísmo. Si prefieres la felicidad, entonces elige dar. El servicio es la ruta de Dios para la grandeza.

Una oleada de gente pasó adelante para honrar a este hombre debido a lo que él había hecho por ellos y sus hijos. La gente dará un paso adelante para honrarte cuando pases tu vida honrándolos y ayudándolos.

La Biblia dice en 2 Corintios 9.7 que *«Dios ama al que da con alegría». (NVI)*

17 - Los críticos no siempre tienen razón

(febrero 23-29)

Según una reseña en la revista *The New Yorker* en 1939, la película *El mago de Oz* «no exhibe ni un rastro de imaginación, buen gusto o ingenio... es malísima».

En 1975, un crítico de la revista *The New Republic* escribió acerca de la película *Tiburón*, diciendo: «Si los tiburones pueden bostezar... eso será lo que este está haciendo. Desde luego, eso fue lo que yo hice durante toda esta película».

La revista *Current History* publicó esto en 1938: «Blanca Nieves es un fracaso en todo sentido. Como figura en movimiento, es irreal, como un rostro y cuerpo, es absurda, y lo que hace es ridículo... Otra *Blanca Nieves* firmará la sentencia de muerte para Disney».

Un escritor en *Films in Review* escribió lo siguiente en 1956 sobre la estrella de la película *Ámame tiernamente*: «Elvis es un hombre joven de mole y músculos flácidos, con un rostro de degenerado que canta insinuaciones castrantes... Cómo una sociedad tan dinámica como la nuestra ha vomitado tal monstruosidad es una cuestión que va más allá del alcance de esta reseña».

Un crítico de la revista *New York* escribió esto en 1977 en una reseña del nuevo film, *La guerra de las galaxias*: «¡Qué nuevo mundo tan aburrido! Es tan de emocionante como los pronósticos del clima del año pasado... una masa de personajes trillados y verborrea insignificante».

En 1980, *National Review* publicó que, en *El imperio contraataca*, «...todo es anticuado, inerte, desesperadamente extendido y pretencioso. Harrison Ford [como Han Solo] ofrece grosería en lugar de encanto...».

Tú, por supuesto, deberías aprender lo que puedas de tus críticos, ¡pero nunca deberías dejar que tus críticos te desanimen! Algunas veces, están totalmente EQUIVOCADOS.

Es fácil criticar y difícil construir. Recuerda que un crítico tal vez haya pasado por alto quién eres y qué estás intentando lograr.

Recuerda también cómo te sientes cuando alguien te derriba, y evita hacer eso a otras personas. Si necesitas evaluar a alguien, sé gentil. Sé su amigo, no su crítico.

La Biblia dice en Proverbios 17.17: «*En todo tiempo ama el amigo; para ayudar en la adversidad nació el hermano*». *(NVI)*

18 - Tiempo de celebrar

(marzo 1–7)

¿Qué tan seguido celebras los siguientes días festivos REALES?

10 de enero: Día de la gente peculiar.

13 de enero: Día de culpar a alguien más.

9 de febrero: Día de leer en la tina del baño.

9 de marzo: Día del pánico.

Abril: Mes nacional del sándwich de queso a la parrilla.

13 de mayo: Día del salto de rana.

1 de junio: Día de andar descalzos.

14 de julio: Día nacional del macarrón con queso.

20 de agosto: Día del cabello desastroso.

16 de septiembre: Día de colección de rocas.

Octubre: Mes nacional de la salchicha.

6 de noviembre: Día nacional del nacho.

4 de diciembre: Día de usar zapatos marrones.

Es obvio que a la gente le encanta celebrar lo que consideran especial.

Mi esposa Amy continuamente crea celebraciones. Celebra los típicos cumpleaños y aniversarios, pero también celebra el primer día de cada estación y la memoria de actividades que experimentamos juntos por primera vez. Celebra cuando un amigo o familiar logra algo o recibe buenas noticias. Celebra los milagros de Dios que llenan nuestro mundo. Celebra todas las cosas que sean posibles. Debido a esto, siempre estamos felizmente enfocados en los logros de las personas alrededor de nosotros. A nosotros nos estimula y a ellos los anima.

¿Qué puedes celebrar? Mejor aún, ¿A QUIÉN puedes celebrar? La celebración puede energizar tu vida y brindar importantes bendiciones a otros.

La Biblia dice en Salmos 118.24: *«Este es el día en que el Señor actuó; regocijémonos y alegrémonos en él». (NVI)*

19 - Olfatea un poco

(marzo 1-7)

¿Sabes algo acerca del guepardo ebrio?

Los zoólogos han investigado por muchos años la conexión poco común que existe entre el aroma del perfume y la colonia y los grandes felinos depredadores.

Los felinos gigantes responden con un comportamiento errático, como en estado de embriaguez, cuando se exponen a la fragancia de productos con aroma, tanto de hombre como de mujer.

En el 2010, el Zoológico del Bronx en New York llevó a cabo un experimento para descubrir si los grandes felinos tenían una fragancia favorita. El propósito fue determinar si una esencia en particular sería más efectiva para atraer a uno de los animales hacia lo que es conocido como una «trampa de cámara». El resultado serían fotografías en lugar de la captura del animal.

Los guepardos fueron seleccionados para la prueba y a los felinos se les ofreció varios olores populares, mientras se grababa su reacción. Según Pat Thomas, el curador del zoológico, los guepardos se volvieron especialmente locos con «Obsesión para Hombres», de Calvin Klein.

Después del experimento, Thomas escribió: «Los grandes felinos literalmente abrazaban un árbol con sus patas y frotaban vigorosamente hacia arriba y hacia abajo. A veces comenzaban a babear, con los ojos medio cerrados; era casi como si estuvieran en trance».

Los olores también tienen un efecto poderoso en los humanos. Los investigadores del Institute for Circadian Physiology reportan evidencia de que el olor puede incrementar, en gran medida, la agudeza mental. La nariz humana puede detectar más de 7.500 diferentes olores y numerosas fragancias han demostrado producir cambios significativos en el nivel de energía de una persona, su estado emocional, memoria y habilidad para poder dormir bien. Estudios en la Universidad de Cincinnati revelan que el aroma correcto en una habitación incluso puede mejorar el rendimiento humano. Los científicos en el Instituto Politécnico Rensselaer en Troy, New York, dicen que, en sus experimentos, el rendimiento de la gente mejoró en un asombroso 25 %, y que también se promovió la voluntad de resolver conflictos cuando fueron expuestos a la fragancia correcta.

Dos fragancias que elevan el nivel de energía son el limón y la menta. Se ha descubierto también que dosis ligeras de pino, jazmín, rosa, lavanda, vainilla y naranja producen resultados positivos notables.

¿Por qué no investigas qué aromas te hacen más feliz y más productivo y «olfateas un poco»?

La Biblia dice en Éxodo 40.26–27: *«Moisés puso también el altar de oro en la tienda de reunión, frente a la cortina, y sobre él quemó incienso aromático, tal y como el Señor se lo había ordenado». (NVI)*

20 - Una parada refrescante

(marzo 8-14)

Alan George Heywood Melly vivió una vida rápida y frenética. Rara vez bajaba el ritmo.

Melly fue un músico popular de jazz y escritor de Inglaterra, quien fue bien conocido por su exuberancia y vestimenta extravagante. Era particularmente famoso por sus trajes en rojo, verde y color crema, con rayas anchas y vibrantes. Los trajes reflejaban su personalidad.

Por 30 años, Melly cantó, tocó y viajó con los Feetwarmers. El grupo dio numerosos conciertos a través de Gran Bretaña y atrajo audiencias felices por décadas. Una de las bromas de Melly consistía en correr alocadamente alrededor del escenario durante un número musical, terminando con un ataque sobre el cabello de otro miembro de la banda. La gente que lo conoció (murió en el 2007 a la edad de 80), comentaba acerca de las carcajadas frecuentes y potentes que salían de su enorme boca.

Melly vivió a un ritmo veloz, pero tenía un pasatiempo que lo calmaba y refrescaba. Le encantaba pescar y decía que ese deporte lo mantenía renovado y saludable. Frecuentemente hablaba del profundo placer de sentarse en calma y comenzar a disfrutar de una experiencia tranquila de aire fresco, luz del sol, y agua destellante y de la emoción generada cuando una trucha de repente irrumpía en la superficie en una lluvia de agua en cascada. La pesca revitalizaba su ocupada vida.

Winston Churchill se relajaba y se renovaba pintando (era bueno) y haciendo albañilería en su propiedad. William Gladstone, el mayor primer ministro británico del siglo 19, cortaba leña cuando necesitaba un cambio de aires de su calendario demandante. Ronald Reagan andaba a caballo para refrescarse. Cuando yo necesito renovarme, salgo a caminar. Estoy en buena compañía; esto es lo que Charles Dickens hacía para seguir adelante.

Encuentra tu parada refrescante. Selecciona algo que le de claridad a tu espíritu, devuelva enfoque a tu mente, calme tus emociones y simplemente te haga feliz. Haz eso todos los días. No empieces hasta que te hayas detenido.

La Biblia dice en Proverbios 17.22: «*Gran remedio es el corazón alegre...*». *(NVI)*

21 - Actos generosos de amistad

(marzo 8-14)

Cuando Amy lo vio, quedó pasmada.

Habíamos llegado a Florida el día 17 de marzo, un día después del cumpleaños de Amy. Cuando abrimos la puerta de nuestro alojamiento y encendimos la luz, allí estaba. Nos sentimos conmovidos y sorprendidos. Sobre la mesa había un pastel de cumpleaños espectacular. El pastel era una mezcla de colores primaverales que deslumbraban la vista. Dejamos las maletas, cortamos el pastel y comenzamos a comer. Sabía aun mejor de cómo se veía (y se veía asombroso).

Ronda Fudge, nuestra buena amiga, no solo trabaja con la Asociación Ron Ball, sino que también es propietaria de un negocio de decoración de pasteles. Es conocida por su combinación de diseño excepcional y un sabor para chuparse los dedos. Ronda había sorprendido a Amy con el pastel para su cumpleaños. Yo no tuve nada que ver con la idea. Fue toda de Ronda.

Más tarde, durante nuestra visita, nos movimos a un hotel de convenciones en Orlando donde yo estaba programado para hablar. En la convención, Bill Sargent, el fotógrafo del evento, me contactó. Ofreció tomar fotografías para que yo tuviera nuevas imágenes publicitarias en nuestras comunicaciones. Bill había hecho la misma cosa por mí el año pasado. Es un fotógrafo talentoso que me hace ver bien (gracias, Bill). Puedes ver su trabajo en ChooseGreatness.com.

En ambas experiencias, fuimos los beneficiarios de obsequios no solicitados de amistad.

Un acto generoso de amistad es como un rayo brillante de luz del sol en nuestra vida. Es un recordatorio de que a alguien le importas. Es, poniéndolo de forma simple, una bendición.

Permíteme sugerir lo siguiente:

Haz una lista de gente que sea significativa en tu vida y haz algo para mostrar a cada uno de ellos que valoras su amistad.

Expresa tu aprecio a cualquiera que haya hecho algo especial por ti. Agradece y reconoce su regalo o servicio.

Yo quiero reconocer a Ronda y Bill en este Ballpoint. Gracias a los dos por sus generosos actos de amistad. Y, por cierto, si necesitas un pastel en el centro de Florida o un gran fotógrafo (en Wisconsin), puedes contactar a Ronda en office@ron-ball.com y Bill en photoslimited.net.

La Biblia dice en Proverbios 17.17: «*En todo tiempo ama el amigo*». *(NVI)*

22 - El poder de la humildad

(marzo 15-21)

Los residentes de la pequeña aldea inglesa de Harrold no sabían que estaban a punto de tener una conmoción mayor.

El 30 de junio de 1968, dos amigos iban conduciendo a través del radiante campo inglés. Recién habían terminado de grabar una canción en un estudio privado en Saltaire, Yorkshire, un día antes y estaban regresando a Londres. El hombre en el asiento del pasajero sacó un mapa y sugirió que, solo por diversión, seleccionaran una aldea al azar para visitar. Él eligió la aldea de Harrold (de la cual ninguno había oído) y pronto abandonaron la ruta A5 y llegaron a la plaza de la aldea. El diminuto pueblo era una delicia inesperada, la imagen perfecta de una aldea inglesa.

Los dos estacionaron y le preguntaron a un residente dónde quedaba la taberna local. Les dijo que estaba cerrada y allí es cuando las cosas se pusieron interesantes. Otro residente reconoció a uno de los hombres y alertó al resto de la aldea que una de las personas más famosas en el planeta estaba en su pueblo. Pronto, los aldeanos convergieron en la plaza y el dueño de la taberna felizmente estuvo de acuerdo en abrir.

Los dos hombres entraron a la taberna acompañados por la mayor cantidad de aldeanos posible. Sirvieron refrigerios, todos se relajaron y la pasaron genial. Los visitantes reían y platicaban con los residentes. Uno de los hombres luego fue al piano y ofreció cantar una nueva canción no publicada que había escrito recientemente. El título de la canción era «Hey Jude» y el hombre era Paul McCartney, un miembro de una de las bandas más famosas e influyentes en la historia de la música, The Beatles.

Paul McCartney se comportó con humildad de corazón. Trató a los aldeanos con respeto y les dio una actuación privada solo para su disfrute.

Alguien que conoce a Mike Huckabee, el exgobernador de Arkansas y candidato presidencial de los Estados Unidos, me dijo que él carga sus propias maletas y se encarga de sus propias necesidades mientras viaja. Cuando pasé parte de un año con Ronald Reagan, él invariablemente se restaba importancia y elevaba al resto de nosotros. Se conducía con humildad. Abraham Lincoln fue un líder fuerte que también era conocido por su poderosa humildad. La Biblia dice en Mateo 20.28, hablando de Jesús, que: «*el hijo del hombre no vino para que le sirvan, sino para servir y para dar su vida en rescate por muchos*». *(NVI)*

La humildad es la llave que abre la puerta de las bendiciones extra de Dios. La humildad prueba que eres digno de ser confiado con oportunidades significativas. La humildad significa que no todo se trata de ti, sino de lo que puedas hacer por el bien del mundo.

No insistas en ser la estrella del show y comienza a dar de ti mismo para mejorar y bendecir las vidas de otros. Serás más poderoso (y más feliz) de lo que nunca imaginaste.

La Biblia dice en Proverbios 15.33: «*La humildad precede a la honra*». *(NVI)*

23 - Hechos sobre la pérdida de peso

(marzo 15-21)

Cuando yo tenía 14 años, decidí cambiar mi vida.

Era estudiante de primer año en *high school* cuando me di cuenta de que algo estaba interfiriendo con mi intenso deseo de conectar con las chicas. Tenía un sobre peso de casi 50 libras (22,6 kg). Necesitaba un plan que funcionara rápido.

Desde chico aprendí a adorar los alimentos altos en calorías. Mis abuelos tenían un restaurante y yo trabajaba allí después de la escuela. Me quedaba dormido algunas noches frente a los hornos de pan porque estaban calientitos. Al final de mi horario de trabajo, podía tomar cualquier comida que quisiera y generalmente, elegía el «rosbif especial», un emparedado de carne al horno, cubierto con puré de papa y coronado con un *gravy* marrón (jugo de la carne), seguido de una malteada de chocolate. Estaba tan enamorado de la comida que cuando trabajé en mi primer empleo aparte de ese, a la edad de diez, entregando donas de puerta en puerta, perdí mi trabajo porque me comí muchas de las donas. Me volví muy hábil para subir de peso en las primeras etapas de mi vida.

Después de que las chicas comenzaron a aparecer en la pantalla de mi radar, decidí perder peso. Investigué y encontré un plan. Comía huevos, tocino y toronja para el desayuno, y filete con ensalada para el almuerzo y la cena todos los días por ocho semanas. Además, empecé a levantar pesas de forma diaria y perdí 42 libras. Mi vida social de *high school* estaba a salvo.

El peso adecuado es considerado un ingrediente básico para la máxima salud. Permíteme ofrecer estos hechos sobre la pérdida de peso.

1. Un programa de comida regular es mejor que las dietas ocasionales. El Dr. Harold Bloomfield dice que

mucha gente que hace dietas «drásticas» frecuentemente comerán en exceso durante los fines de semana y consumirán entre 8–10.000 calorías en un día antes de que, abrumados por la culpa, regresen a la dieta. Esto puede crear un patrón no saludable.

2. Los alimentos bajos en grasa no son necesariamente bajos en calorías. La gente a veces piensa que comer alimentos bajos en grasa les ayudará a perder peso y frecuentemente, comerán cantidades más grandes. Otro problema con los alimentos bajos en grasa es que debido a que la grasa le aporta sabor a un alimento, se agregan azúcares y químicos adicionales al alimento para mejorar el sabor, y eso le suma más calorías.

3. Siempre come un desayuno rico en nutrición. El Dr. Bloomfield dice que «los que desayunan son generalmente más delgados, tienen la presión arterial más baja… sienten más energía y fuerza y les resulta más fácil mantener una dieta saludable y balanceada». La Universidad Memorial de Newfoundland incluso descubrió que un buen desayuno es una posible protección contra los ataques al corazón en la mañana.

4. Encuentra y logra tu peso más saludable. Estarás feliz de haberlo hecho.

La Biblia dice en Proverbios 16.20: «*El que atiende a la palabra, prospera…*». *(NVI)*

24 - Sorpréndete

(marzo 22-28)

Fiódor tenía un problema.

Cuando su hermano Mikhail murió inesperadamente, Fiódor heredó la revista literaria de su hermano, *Epoch*. Esto parecía como un legado generoso, pero Fiódor pronto se dio cuenta de que el periódico estaba en un estado financiero desesperado. Fiódor puso su tiempo y recursos en la revista por un año, pero aún con eso, fracasó.

Necesitando dinero de inmediato, Fiódor hizo un trato con una editorial local. La editorial le proporcionaría un anticipo de 3.000 rublos para una nueva novela (no escrita), pero la editorial recibiría los derechos de publicar todas las primeras obras de Fiódor por nueve años. El contrato especificaba que, si la nueva novela no se completaba exactamente en un año, entonces la editorial podría publicar y vender todo el catálogo de las primeras obras por el periodo de nueve años y no pagar nada al escritor en apuros. Era un trato peligroso, y aunque él ya estaba escribiendo una novela en plazos para una revista, no tenía suficiente dinero para continuar su carrera, por lo tanto, aceptó.

El esfuerzo de completar el libro en plazos y la presión de las finanzas le dificultaron a Fiódor la tarea de crear la nueva obra. A principios de octubre, todavía no tenía nada para el plazo del 1 de noviembre. Entonces, un amigo le ayudó y contrató a una estenógrafa de 20 años, Anna Snitkina y Fiódor aceptó dictarle el libro. Decidió usar su propia batalla con la adicción al juego y desarrollar una historia acerca de un hombre que intentaba controlar su hábito de jugar.

Aunque él originalmente pensó que era imposible terminar ambos libros, se sintió inspirado por las posibilidades y dictó y editó frenéticamente.

Completó su novela, *El jugador*, dos horas antes de la

fecha límite. No solo recibió una enorme recompensa financiera, sino que su libro también se convirtió en toda una sensación de superventas. Él, a los 45, incluso se enamoró de la chica de 20 años, Anna; se casó con ella el siguiente año y vivieron juntos y felices hasta su muerte.

La lección es simple. Cuando Fiódor Dostoyevsky pensó que estaba vencido, se sorprendió a sí mismo. El autor de *Crimen y castigo*, *Los hermanos Karamazov* y por supuesto, *El jugador*, es, en la actualidad, considerado uno de los principales novelistas de la historia. Todo porque se sorprendió a sí mismo y no se dio por vencido. Hizo más de lo que pensó que podría y cambió su vida.

¿Qué me dices de ti? ¿Necesitas sorprenderte a ti mismo? ¿Estás listo para hacer más de lo que pensaste posible? ¡Entonces hazlo!

La Biblia dice en Filipenses 4.13: *«Todo lo puedo en Cristo que me fortalece». (NVI)*

25 - No esperes

(marzo 22-28)

Nancy siempre fue una gran vecina, pero era incluso un mejor ser humano.

Nancy vivía en una encantadora cabaña de ladrillos rojos con un techo de tejas rojas. Su solana tenía una vista a la corriente lenta y verde del río Big Sandy. Era su lugar favorito en la casa. Todos los días, recibía docenas de visitantes y generalmente estaba acompañada de un perro faldero pequeñito llamado Macy. Casi cada hora, alguien venía a verla simplemente porque a mucha gente le encantaba su personalidad brillante, positiva y amorosa.

Cuando era joven, su esposo estaba inspeccionando una línea de gas rural con su amigo, Jerry Lafferty (mi tío), cuando una explosión dejó aturdido a Jerry y mató a su esposo. Nancy quedó quebrantada y llena de pesar, con un hijo de 12 años. Madre e hijo se ayudaban mutuamente a sobrevivir y con el apoyo de numerosos miembros de la familia, el hijo creció para convertirse en un exitoso hombre de negocios. Ese joven probó ser un hijo leal, quien cuidaba de su madre con devoción. Él fue quien compró la cabaña al lado del río y la desarrolló hasta convertirla en un monumento hermoso. Fue él quien proporcionó todo lo que su madre necesitaba, incluyendo jardineros y paisajistas que trabajaban cada semana para mantener la belleza exterior que Nancy disfrutaba.

Hace poco descubrimos que Nancy estaba en el hospital con neumonía. Amy y yo estuvimos viajando por casi todo el periodo de tres semanas que ella estuvo en el hospital, pero cuando regresamos, fuimos a verla. Estaba débil, pero como era usual en Nancy, contenta. Amy le dio un gran oso de peluche y un globo con un mensaje deseándole una pronta recuperación. Tres días más tarde, el hijo de Nancy y su esposa la llevaron a casa, a su cabaña, donde murió anoche. Tenía 92 años.

El propósito de este Ballpoint tan personal es recordarles a todos la importancia de hacer las cosas importantes rápidamente. Amy y yo nos sentimos agradecidos de que tomamos tiempo para ver a Nancy mientras ella todavía podía sentir nuestro amor y saber que nos importaba. Estamos tan agradecidos de que cuando necesitábamos hacer algo significativo por alguien más, no esperamos. Lo hicimos.

¿Qué necesitas hacer ahora? ¿A quién necesitas llamar? ¿A quién deberías perdonar? Lo que sea que necesites hacer, no esperes, hazlo ahora.

Dios te bendiga a ti y Dios bendiga a Nancy.

La Biblia dice en Colosenses 3.23: «*Hagan lo que hagan, trabajen de buena gana, como para el Señor...*». *(NVI)*

26 - Escucha

(marzo 29–abril 4)

¿Has visto alguna vez un aye-aye?

El aye-aye es un primate de 15 pulgadas (38 cm) que vive en los bosques tropicales de Madagascar, frente a la costa sureste de África. Tiene unos ojos excesivamente grandes, enormes orejas, largos y delgados dedos y una cola que es más larga que todo su cuerpo.

En un principio se pensaba que el aye-aye causaba mala suerte debido a su extraña apariencia y hábitos nocturnos, y miles fueron asesinados. En la actualidad, son mejores entendidos y protegidos por las autoridades.

El aye-aye usa un extraño método para encontrar alimento. Escucha con sus orejas gigantes para localizar los sonidos de insectos dentro de los árboles y luego usa su alargado dedo medio para introducirlo en los agujeros del árbol para tomar su alimento.

El aye-aye se moriría de hambre si no escuchara. Es vital para ti aprender el arte de escuchar bien. Mucha gente pretende escuchar, pero en realidad están esperando a que la otra persona haga una pausa para saltar ellos con lo que quieren decir.

Cuando escuchas, entras al mundo de la otra persona. Obtienes percepciones valiosas de sus pensamientos y emociones. El escuchar es mostrar respeto.

Puedes mejorar todas tus relaciones con el simple compromiso de escuchar, de prestar atención a alguien más.

El Dr. James Lynch de la Escuela de Medicina de la Universidad de Maryland afirma que «estudio tras estudio revela que el diálogo humano no solo afecta nuestros corazones significativamente, sino que puede incluso alterar la bioquímica de tejidos individuales...».

Y recuerda que el verdadero diálogo es solo posible cuando escuchas.

El Dr. John Gray, gurú de las relaciones, dice que las mujeres se sienten cubiertas de «cuidado, entendimiento, respeto, devoción, reconocimiento y seguridad» cuando un hombre las escucha. A cambio, tienen más probabilidad de «empoderar» al hombre. Todo eso solo por escuchar bien.

Enfócate en la otra persona. Escucha. Todas tus relaciones pueden mejorar marcadamente tan solo por usar esta habilidad.

La Biblia dice en Proverbios 1.5: «*Escuche esto el sabio y aumente su saber...*». *(NVI)*

27 - Una mente clara

(marzo 29-abril 4)

Estos son incidentes reales reportados de las salas de emergencia de los hospitales en los Estados Unidos.

«Sangrado en la nariz: El paciente estaba enviando mensajes de texto con su teléfono... Chocó con la puerta».

«La paciente sufrió una lesión en su ojo derecho mientras caminaba por el pasillo, enviando mensajes de texto con el teléfono. Otro estudiante la golpeó en el ojo con su cabeza».

«Laceración de dedo: El paciente estaba hablando por teléfono celular mientras cortaba pollo crudo en casa».

«El paciente iba cabalgando y enviando mensajes de texto en el celular al mismo tiempo. Soltó las riendas, el caballo despegó y el paciente se cayó».

«Esguince de tobillo: Mujer de 20 años hablando en el celular, bajando del autobús. Cayó de los escalones».

«Paciente de 46 años, andando en bicicleta; el celular quedó atrapado en los rayos. Él paciente se volteó sobre los manubrios y se fracturó la nariz».

«Accidente de moto: El paciente intentó contestar su celular mientras viajaba a 45 millas por hora y la moto se cayó. Contusiones de pecho, dos costillas fracturadas».

De acuerdo a estadísticas recopiladas por icebike.org, 1,6 millones de accidentes automovilísticos involucran el uso de celulares. Eso representa el 64 % de todos los accidentes y 1 de cada 4 accidentes son específicamente causados por el conductor enviando mensajes de texto.

La claridad mental es imprescindible especialmente cuando estás en movimiento, ya sea caminando o usando maquinaria. El tiempo de reacción humana es simplemente insuficiente para evitar un accidente y una lesión. Tu vida es demasiado valiosa para arriesgarla por una conexión electrónica momentánea. ¡Tampoco vale la pena arriesgar las vidas de otras personas!

Incluso, tomarás mejores decisiones diarias con una mente clara. Verás tu mundo mucho mejor cuando no estés distraído.

Hace algunos años, Amy me pidió que nunca me comunicara por mensaje de texto y condujera. Prometí que no lo haría y no lo hago. Quiero que mi mente esté clara para todo lo que ella necesita. Los riesgos tontos son solo eso: «riesgos tontos».

Cuando aprendas a mantener tu mente clara y sin distracciones, puede que te sorprendas por cuánto habrás mejorado en conducir tu vida de forma exitosa.

La Biblia dice en Proverbios 19.8: «*El que adquiera cordura, a sí mismo se ama, y el que retiene el discernimiento prospera*». *(NVI)*

28 - Una infusión de personalidad

(abril 5-11)

Fue un desastre.

El 30 de julio del 2002, James Salter, un novelista galardonado, y su esposa, la periodista y dramaturga Kay Salter, dieron una fiesta con cena. Cuando el evento terminó, tanto Kay como su esposo ignoraron los trastos sucios y simplemente se sentaron y se preguntaron qué había ido mal.

En sus propias palabras: «La comida fue mala, hubo demasiada gente, la presentación fue caótica. Rompimos dos reglas fundamentales: (1) servimos dos cosas que nunca habíamos hecho antes y (2) tuvimos demasiadas cosas que necesitaban preparación de último minuto».

La pareja cuidadosamente cocinó zanahorias en jengibre, pero las quemaron. Prepararon papas gratinadas, pero agregaron demasiada crema, y luego también cometieron el error de dejar medio crudo todo el platillo. Incluso cometieron un gran error en un platillo con carne «complicado», el cual en lugar de salir firme e impresionante, llegó a la mesa blando y desmoronado como—en sus propias palabras—«un pastel de carne».

La única cosa que habían hecho bien fue darle «una infusión de personalidad» a la fiesta. Conversaron con los invitados y fomentaron una conversación genial. Aportaron una brillante felicidad y luminosidad a la velada y animaron a todos a disfrutar de la experiencia. Circularon entre sus invitados y ayudaron a cada uno a interactuar de la forma más positiva. En este proceso les favoreció el haber seleccionado cuidadosamente a los invitados con anticipación, para que la gente invitada tuviera la probabilidad de disfrutar unos con otros (buena planeación).

Debido a su «infusión de personalidad», ocurrió

un resultado sorprendente. Después de haber lamentado el desastre de la noche anterior, los Salters escribieron: «Todos llamaron al siguiente día, diciendo: "Fiesta fabulosa"». La infusión de personalidad había salvado el día.

Hay dos lecciones valiosas aquí:

1. No te rindas a tus miedos negativos demasiado rápido. Puede que no sea tan malo como lo piensas. Da a las cosas una oportunidad de recuperarse.

2. Nota que «una infusión de personalidad» es lo que la gente generalmente recuerda. Puedes cubrir una multitud de errores y equivocaciones con un despliegue brillante de personalidad alegre.

La Biblia dice en Proverbios 17.22: *«Gran remedio es el corazón alegre». (NVI)*

29 - El poder del contacto especial

(abril 5-11)

El agente del servicio secreto era cortés y servicial. Cuando llegué al Hotel Hilton en el centro de Atlanta, ya se me había dicho qué esperar. Había proporcionado mi número del seguro social y respondido a un número de preguntas específicas. Me dijeron que pasara por una entrada privada, donde se reuniría conmigo un agente del servicio secreto y me llevaría a un cuarto en un piso más alto que ya había sido despejado de todos los huéspedes del hotel. El agente era amigable y eficiente. Después de que confirmó mi identidad, fui acompañado al lugar.

Fui recibido en la puerta, donde me sentaron con otros dos huéspedes. Después de aproximadamente cinco minutos, entró George H. W. Bush, nos dio un apretón de manos, tomó un asiento e hizo preguntas. Hablamos un poco más de una hora y le dimos al Señor Bush nuestras perspectivas sobre varios temas actuales.

Cuando terminamos, fui seleccionado para acompañar a Bush por el pasillo a su salida. Mientras caminábamos, le di a Bush un audio de un mensaje que yo había dado el domingo anterior en la Iglesia First Baptist de Atlanta, titulado: «El mapa moral de América», el cual explicaba por qué la grandeza de los Estados Unidos estaba fundada en principios bíblicos.

Una semana después de mi experiencia, recibí una nota manuscrita (llamándome por mi nombre) de Bush, agradeciéndome por la grabación. Me dijo que había escuchado el mensaje e incluso resumido los puntos clave que yo había hecho. La firmó, George Bush. Todavía tengo la nota.

Solo en esta semana pasada, recibí otra nota escrita a mano de un amigo, Matthew, quien vive en Tailandia. Se tomó el tiempo de escribirme no un correo electrónico, texto o mensaje instantáneo, sino una carta. Me sentí conmovido y agradecido de que yo era merecedor de esa forma de comunicación.

Cuando tú haces un contacto personal poco común con alguien, tú le señalas que lo consideras especial; le concedes valor.

George Bush pudo haberme enviado una carta común y corriente de su oficina agradeciéndome (también la hubiera guardado), pero no lo hizo. Matthew en Tailandia pudo haberme enviado un mensaje de texto (yo hubiera estado feliz de recibirlo) pero me impresionó su esfuerzo especial de escribir, de hecho, una carta. Eso hizo la diferencia para mí.

Tú puedes elevar tus relaciones (e incluso tus contactos de negocios) a un nivel más alto al simplemente usar el contacto especial. Es por esto que las notas de agradecimiento todavía son consideradas importantes.

¿Por qué no escribes algunas notas hoy? Harás sentir a alguien especial, pero tú serás especial también. En un mundo súper rápido de comunicaciones instantáneas, tú puedes sobresalir.

La Biblia dice en Proverbios 16.24: «*Panal de miel son las palabras amables, endulzan la vida y dan salud al cuerpo*». *(NVI)*

30 - Lo mejor que puedas

(abril 12-18)

Jeffrey Steingarten, un abogado educado en Harvard, crítico gastronómico de la revista *Vogue* desde 1989 y uno de los más respetados escritores de gastronomía en el mundo, dice que este producto es el mejor de los Estados Unidos.

U.S.A. Today lo eligió como el mejor en los Estados Unidos—dos veces.

En el 2014, fue seleccionado para el premio más alto en el Festival de Vino y Comida Food Network de South Beach.

Es el helado Graeter's y es mi favorito de todos los que alguna vez haya probado.

Un verano, aumenté de peso 20 libras (9 kg) porque me tomé una malteada de chocolate Graeter (hecha con un increíble helado de vainilla y su propio jarabe de chocolate, formando una mezcla gruesa, como el hormigón) todos los días por cinco semanas. Nunca me cansé del sabor.

La compañía Graeter's Ice Cream fue fundada en 1870 por Regina y Louis «Charlie» Graeter (inmigrantes bávaros) en Cincinnati, Ohio. Decidieron usar solo los más finos ingredientes y fueron pioneros de una técnica llamada el proceso de la olla francesa.

El helado es elaborado a mano en pequeñas ollas francesas cuya capacidad es de solo unas dos libras (0,9 kg). El proceso de la olla francesa produce un helado excepcionalmente denso y también produce unos pedazos de chocolate únicos que se procesan a diferencia de cualquier otro chocolate. Estos pedazos se agregan, también a mano, para crear una experiencia de chocolate que no tiene rival en el mundo del helado. El sabor que más se vende es el de frambuesa con pedacitos de chocolate (o más exactamente, trozos). Todo el proceso es lento, prolongado y se hace de forma individual y a mano, pero obtiene resultados asombrosos.

Graeter's vende regionalmente a través de 38 tiendas y envía pedidos, a través de Internet, a numerosas localidades. Sigue siendo una empresa familiar y reporta unos 50 millones de dólares en ingresos por ventas al año.

Siempre es emocionante cuando algo es reconocido como lo mejor. Puede que no estés en la posición de generar múltiples millones de dólares, pero todavía puedes contribuir de formas importantes a tu familia, tu empleo e incluso a tu iglesia u organización cívica.

¿Qué cosas haces que pudieras elevar al nivel de lo «mejor»? Existe una profunda satisfacción en saber que algo que haces, por más pequeño que sea, puede ser lo mejor de ti.

Elige una cosa en la que seas especialmente hábil (y puede que incluso la ames) y comienza a mejorar y desarrollar eso hasta lo mejor que verdaderamente puedas. Comienza hoy. Puedes agregar algo especial a tu vida y a las vidas de aquellos que te importan con simplemente apuntar a lo mejor. Es incluso mejor cuando pones tu mayor esfuerzo para la gloria de Dios.

Esta determinación de poner tu mayor esfuerzo es un elemento clave en lo que hizo grande a los Estados Unidos.

La Biblia dice en 1 Corintios 10.31: «*Cualquier cosa que hagan, háganlo todo para la gloria de Dios*». *(NVI)*

31 - El radar de la oportunidad

(abril 12–18)

En 1993, Alan Wald fue al restaurante Moonraker en Pacifica, California para cenar. Nadie esperaba lo que pasaría.

El restaurant era conocido por su bufet ilimitado. Wald llegó al negocio, lo sentaron y le dijeron que disfrutara del bufet. Procedió hacia la barra para servirse y notó las ostras frescas. Wald comenzó a consumir ostras a un ritmo acelerado. Cuando se había comido 75 ostras, otros clientes comenzaron a quejarse de que ya no quedaban ostras y le pidieron al restaurante que interviniera.

Un miembro de la gerencia del restaurante le pidió a Wald que dejara de comer las ostras (ya estaban preparando nuevas) pero él se negó y recordó al personal que el bufet se anunciaba como un «bufet ilimitado».

Cuando Wald insistió en esperar en la línea para comer más ostras, el restaurante ofreció reembolsarle los $40 que había pagado y le pidieron que se fuera. Wald dijo que tenía todo el derecho y se quedaría a comer más ostras, hasta que terminara de comer todo lo que pudiera.

Algún tiempo después de su experiencia, Wald demandó al restaurante por $400 por la humillación y la vergüenza que había soportado. Ganó su caso y le dieron $100 por orden del juez.

La gran sorpresa fue cómo el restaurante respondió al incidente y demanda subsecuente. ¡Wald estaba emocionado!

El dueño decidió que esta era una buenísima oportunidad para anunciar el restaurante, el bufet ilimitado e incluso su suministro de ostras frescas, (después de todo, eso era lo que volvió loco a Wald).

La publicidad atrajo muchos nuevos clientes de toda la región y le hizo ganar tanto dinero al restaurante que ofrecieron dejar a Wald que viniera cuando quisiera y comiera todas las ostras que quisiera.

El dueño del restaurant tuvo un «radar de oportunidad».

¿Y tú? ¿Ves la oportunidad para el éxito en circunstancias aparentemente negativas? ¿Estás buscando el «lado positivo» en cada nube oscura? Enciende tu radar de la oportunidad. Puede que quedes gratamente sorprendido con lo que encuentres.

Mantente positivo y transforma tus desafíos en bendiciones.

La Biblia dice en Nehemías 13.2: «*Nuestro Dios cambió la maldición por bendición*». *(NVI)*

32 - Gran servicio = grandes resultados

(abril 19-25)

Cuando entras, notas el ambiente confortable, las luces suaves, las exhibiciones abiertas y el personal amigable. Pero casi todos los concesionarios tienen eso y más.

Este concesionario, sin embargo, es diferente, tan diferente que es el más exitoso y gana más dinero que casi todos los otros concesionarios en los Estados Unidos. La pregunta es ¿por qué?

El propietario, Carl Sewell, quiere hacer más que venderte un auto. Él quiere que seas un cliente leal de por vida. Logra eso primero dándole él una lealtad extraordinaria al cliente.

Sewell es legendario en su industria por hacer todo correctamente la primera vez y por resolver cada problema y cumplir con cada necesidad de sus clientes, hasta el más nimio detalle.

Él arregla los problemas a tiempo, nunca excede el costo estimado e incluso utiliza Chevrolet Suburbans especialmente equipadas para llegar con rapidez a la ubicación del cliente para componer neumáticos ponchados, hacer nuevas llaves, ayudar a arrancar el auto y, generalmente, hacer lo que sea necesario para que el cliente pueda volver a conducir.

La familia de Carl comenzó el negocio en un establo y vendieron sus primeros autos, los Ford Modelo T, que venían en cajas y debían ser ensamblados. Después del ensamblaje, se le daba un curso de conducción al nuevo dueño, proporcionado por el concesionario.

La familia fundadora adoptó como lema del negocio la frase «Trata a la gente como te gustaría que te trataran a ti», y ese lema impera en el concesionario al día de hoy. Carl dice que, con base en ese lema, él les enseña a sus empleados que la única respuesta para la solicitud de un cliente es «Sí».

Los concesionarios Sewell son ahora uno de los grupos de autos más rentables en los Estados Unidos. Su éxito destacado está fundado sobre la simple idea de servicio dedicado. Gran servicio = grandes resultados.

Observa cómo tratas a la gente en tu vida. ¿Te gusta dar? ¿Sirves a aquellos que te necesitan? Dios siempre bendice el servicio. Si quieres que la gente, ya sean clientes o no, te sean leales, entonces tú debes ser leal a ellos primero.

La Biblia dice que Jesús, hablando de sí mismo, dijo en Mateo 20.26–28: «*El que quiera hacerse grande entre ustedes deberá ser su servidor ... así como el Hijo del hombre no vino para que le sirvan, sino para servir y dar su vida en rescate por muchos*». *(RVR1960)*

Recuerda, no se trata de ti.

33 - Las buenas fragancias

(abril 19-25)

Michael Kittredge comenzó la compañía Yankee Candle en South Hadley, Massachusetts en 1969. En reconocimiento al año de su fundación y en honor a su madre, él llamó a su primera vela Christmas 1969. La hizo de crayones derretidos.

Debido a que tantos vecinos querían sus velas, decidió lanzar una compañía de velas de tiempo completo. Dos amigos suyos de *high school*, Donald MacIver y Susan Obremski, se unieron a él, y cuando el padre de Obremski inventó un «cuarto caliente» para manejar la cera, la compañía comenzó a mostrar un crecimiento significativo. Susan Obremski luego inventó una plataforma giratoria que duplicaba su producción.

La compañía se hizo pública en 1999 y fue vendida en el 2007 por 1,6 mil millones de dólares. Se vendió nuevamente en el 2013. Para el 2016, los cinco aromas de velas más populares en cuanto a ventas son:

1. Bálsamo y Cedro
2. Rosas Frescas
3. Flores de Lila
4. Arenas Rosas (fragancia tropical)
5. Galleta Navideña

Mi favorita es Manzana Macintosh.

Los estudios de ondas cerebrales en la Universidad Toho en Japón descubrieron que los aromas que te hacen sentir feliz promueven significativamente el cometer menos errores en el trabajo y los investigadores en la Universidad de Cincinnati descubrieron que las fragancias agradables en una habitación mantienen a la gente más alerta y mejoran el desempeño personal.

Según el Dr. Robert Cooper, las fragancias que dan vigor incluyen las flores frescas, las plantas de hora perenne y las fragancias de limón, menta, pino, jazmín, rosa, vainilla, lavanda y naranja.

La fragancia correcta puede mejorar tu estado de ánimo, mejorar tu desempeño, calmar tus emociones y energizar tu vida. Tiene mucho sentido usar buenas fragancias para ayudarte a construir una vida exitosa.

La Biblia dice en Proverbios 27.9: «*El perfume y el incienso alegran el corazón...*». *(NVI)*

34 - Sé abierto a nuevas ideas

(abril 26–mayo 2)

En 1962, Arch West tomó unas vacaciones de verano con su esposa e hijos en el sur de California. Ese viaje en coche cambiaría los hábitos alimenticios de millones de personas por décadas por venir.

Arch era un ejecutivo de publicidad que había trabajado para Kraft, a cargo de su cuenta Jell-O, y ahora era el vicepresidente de mercadeo para la corporación Frito-Lay.

El viaje de la familia West incluyó paradas en el Parque Nacional de Carlsbad Caverns y el Gran Cañón. Cuando llegaron a su destino, Corona del Mar, California, se hospedaron en una casa que le habían rentado a Lawrence Frank, inventor de la sal sazonada Lawry's.

Acababan de terminar una comida en un restaurante local una tarde cuando un extraño paró frente a su mesa e hizo un cumplido al brillante cabello dorado de la hija de West. El extraño se presentó y preguntó si West alguna vez había comido en uno de sus 500 restaurantes. Cuando West dijo que nunca había oído hablar de la cadena, el extraño, Ray Kroc, invitó a la familia West a comer en uno de sus McDonald's cuando pudieran, les dio las gracias y se fue.

Esta experiencia fue notable en vista de la historia posterior, pero lo que pasó después fue esencial. La familia West condujo a San Diego y pararon a comer en una pequeña «choza» de comida mexicana a un lado del camino. La familia agregó totopos de tortilla frita a su comida y West—un agente de publicidad—estuvo impresionando con el crujir en su boca.

West pensó que los totopos serían la siguiente gran cosa para Frito Lay y le presentó la idea a su compañía. El equipo de desarrollo rechazó los totopos porque dijeron que no eran lo suficientemente sabrosos. West agregó más sal y se realizó una prueba, pero los clientes no los compraban. West se negó a darse por vencido y decidió que, puesto que los totopos habían llegado con la comida mexicana, les daría un sabor mexicano. Agregó lo que él llamó «condimento de taco» e intentó de nuevo. Esta vez al público le encantaron. El producto se convirtió en una de las historias de éxito más grandes en la historia moderna de la industria alimenticia. En 2010, el aperitivo le hacía ganar a Frito-Lay 5 mil millones de dólares al año. West llamó al producto «Doritos».

¿Estás abierto a nuevas ideas? ¿Estás atento a nuevas posibilidades? El próximo gran concepto puede estar esperándote hoy.

La historia del éxito está repleta de ideas que la gente rechazó o ignoró. Tu innovación puede estar justo frente a ti. Recuerda que Arch West estaba continuamente intentando nuevos alimentos en busca del próximo gran ganador. Siempre estaba buscando. ¿Qué estás buscando tú?

La Biblia dice en Eclesiastés 11.1: *«Echa tu pan sobre las aguas; porque después de muchos días lo hallarás».* *(RVR1960)*

35 - Con visión al futuro

(abril 26-mayo 2)

El 1 de diciembre de 1783, un evento extraordinario sorprendió a la nación de Francia.

Más de medio millón de personas se reunieron en el Jardín de las Tullerías en París para observar al Dr. Alexandre Charles y a su asistente, Nicolas-Louis Robert, lanzar un gigantesco globo con franjas brillantes en rojo y amarillo. El costo del globo fue cubierto por donaciones de mucha gente de la multitud.

Los dos hombres empacaron un almuerzo de pollo frío, se pusieron abrigos de piel y treparon a la canasta de mimbre para el primer vuelo tripulado en un globo de hidrógeno. Los viajeros se elevaron rápidamente, viajaron 28 millas y luego aterrizaron, donde Robert hizo algunos ajustes. Robert esperó en tierra mientras Charles se relanzó y alcanzó una altura de 10.000 pies (3 km). Poco después dijo que estaba «asombrado» de ver la puesta de sol por segunda vez ese día. Cuando le comenzaron a doler los oídos por el cambio de presión, volvió a tierra. Tiempo después escribió: «Nada jamás podrá igualar ese momento de total alegría que llenó todo mi cuerpo al despegar... no era solo regocijo. Fue como una especie de éxtasis físico...».

Aunque el evento provocó una emoción profunda, alguna gente lo criticó y se quejó acerca de la pérdida de tiempo y dinero. Un hombre volteó a ver a otro en el sitio original del lanzamiento en París mientras el globo se elevó en el cielo por primera vez y dijo: «¿De qué sirve un globo?».

El compañero temporal del hombre de hecho registró la pregunta negativa e incluso dio su respuesta. «¿De qué sirve un recién nacido?». El hombre que respondió era el representante colonial estadounidense para el gobierno francés, Benjamin Franklin. Él obviamente reconoció la necesidad de mirar adelante y ver el potencial, ya fuera en un globo gigante o en un bebé recién nacido.

¿Ves el potencial a tu alrededor? ¿Estás atento a las posibilidades infinitas? Un bebé recién nacido puede no parecer mucho hoy, pero cada gran líder, cada ser humano significativo y sí, cada persona, incluso tú, fue un bebé recién nacido alguna vez.

Aprende a encontrar el potencial en todos lados. ¡Mira hacia el futuro!

La Biblia dice en Proverbios 29.18: «Sin visión profética el pueblo perecerá». (JBS)

36 - El legado

(mayo 3-9)

Recibí el mensaje un domingo y supe que necesitaba hacer algo.

Mi amigo Brad me llamó para avisarme que un querido amigo acababa de morir y él me enviaría la información sobre el entierro.

Mi primer recuerdo de Rusty Holland fue de él ofreciéndose para ayudarme en un evento de Amway donde yo era el conferencista. En ese entonces yo no lo sabía, pero esto sería algo frecuente en todos mis contactos con Rusty. Él era el primero en preguntar si podía ayudar y siempre lo hizo con gusto en lo que fuera necesario. Él era energético, atlético (era un terapista físico profesional) y con un positivismo optimista. Irradiaba optimismo y rápidamente descubrí que no había nada que él no intentara en un esfuerzo por ayudar.

Rusty era muy querido por sus asociados de Amway y los miembros de la Iglesia Hebron Baptist, donde era legendario por dar una clase a los jóvenes (la cual él comenzó), llamada «Los ruidosos de Rusty». Su familia, compuesta de su esposa Karen (de 37 años) y sus hijos Caleb, Lydia y Priscilla, lo adoraba.

Rusty peleó su batalla más grande por varios años contra la ELA, también conocida como la enfermedad de Lou Gehrig. Nunca perdió su fantástica actitud o su fe por su Salvador, Jesucristo. Rusty simplemente se quedó dormido una noche y despertó en el cielo.

Amy y yo condujimos a Lawrenceville, Georgia este pasado viernes y llegamos al lugar del funeral para el velorio. La vida e influencia de Rusty había tocado tantas vidas que tuvimos que estar parados haciendo fila por más de una hora solo para poder entrar. Cuando finalmente nos reunimos con la familia inmediata, el hijo de Rusty,

Caleb, me abrazó y dijo con gozo genuino, qué tan feliz estaba de que su padre estuviera con Jesús. Toda la familia, aunque estaban dolidos, estaban celebrando una vida bien vivida, con la certeza adicional de que Rusty estaba todavía muy vivo en un cielo real.

El servicio funerario del día siguiente estuvo abarrotado con cientos y cientos de personas, todas dando tributo a un hombre que los había inspirado, desafiado y ayudado.

Esa familia y esas personas fueron y son el legado de Rusty.

Dios te bendiga, Rusty, te veremos de nuevo.

La Biblia dice en Apocalipsis 14.13: *«Bienaventurados de aquí en adelante los muertos que mueren en el Señor... porque sus obras con ellos siguen». (RVR1960)*

37 - Sigue avanzando

(mayo 3-9)

En el 2007, dos hermanos, Alcides y Edgar Moreno, estaban afuera del piso 47 de un rascacielos de New York solo haciendo su trabajo. Eran lavadores de ventanas.

Cuando el cable que aseguraba la plataforma se rompió, Alcides se sostuvo de la misma plataforma y, de hecho, logró descender con seguridad hasta el fondo, a cientos de pies de altura. Los físicos creen que la superficie plana de la plataforma funcionó como una tabla de surf, permitiéndole a Alcides sustentarse de las corrientes de aire y aterrizar en la calle.

En 1985, Joe Simpson se cayó y se rompió la pierna mientras escalaba en la montaña Siula Grande en Perú. Su compañero, Simon Yates, preparó un apoyo de cuerda y estaba bajando a Joe cuidadosamente por la vertiente cuando Joe se resbaló y desapareció por el precipicio. Yates, pensando que su compañero estaba muerto, continuó descendiendo por la montaña.

Tres días después, Joe llegó al campo de base arrastrándose. Se había caído 100 pies (30,4 m) hacia una grieta; sobrevivió y se arrastró con su pierna rota, sin alimento ni agua, por tres días. Había sobrevivido una experiencia peligrosísima.

En 1999, Joan Murray saltó de un avión a unos 14.500 pies de altura (4.420 m). Cuando su paracaídas falló en abrir, ella activó el paracaídas de reserva a 700 pies de altura, que también falló. Impactó contra el piso a 80 millas por hora (128 km/h) y aterrizó en un montículo de hormigas rojas. Estaba aturdida y herida pero aún con vida cuando la encontraron los rescatistas. Más tarde, dijeron los doctores que el impacto de 200 mordidas de hormigas rojas había estimulado su corazón y la mantuvo con vida.

Después de que Joan se recuperó, regresó al paracaidismo y en menos de dos años tras su experiencia casi mortal, completó 37 saltos adicionales.

Todas estas tres personas destacadas «siguieron avanzando». En cada situación, cada individuo encontró una forma de sobrevivir y continuar.

No te des por vencido ante la primera señal de problemas. Tal vez exista una forma de ganar si resistes y sigues peleando. Un mal reporte, un colapso financiero o un revés repentino no es, necesariamente, el final. Confía en Dios, sigue avanzando y ve lo que pasa.

La Biblia dice en Gálatas 6.9: «*No nos cansemos de hacer el bien, porque a su debido tiempo cosecharemos si no nos damos por vencidos*». *(NVI)*

38 - Detente y piensa

(mayo 10-16)

Un día de escuela en 1955, un estudiante llevó una tuza a la escuela primaria Carroll Fowler en Ceres, California. El resultado fue el caos.

Aunque muchos estudiantes estaban fascinados por la tuza y felices de ver sus travesuras, algunos estaban asustados y querían que se llevaran al animal. Llamaron a tres conserjes de la escuela y les pidieron que se deshicieran de la tuza. Cuando los hombres llegaron, hablaron de sus opciones y decidieron que la alternativa más eficiente era simplemente matar al animal.

Los conserjes finalmente atraparon a la tuza y la transportaron a un cobertizo en las instalaciones de la escuela. No estaban seguros sobre cómo matar a la criatura y al final decidieron rociarla con una lata de solvente químico para pintura. Cuando esto no funcionó, los hombres usaron una segunda lata, y como el animal continuaba vivo, lo rociaron con una tercera. Aquí es cuando el incidente se puso interesante.

Los tres hombres estaban observando a la tuza, la cual estaba empapada con solvente y parada en un charco del líquido, cuando uno de los hombres decidió relajarse con un cigarrillo. Sin pensar en el químico altamente inflamable que estaba en ese momento extendido sobre el piso, el hombre encendió el cigarrillo y descuidadamente arrojó el cerillo a un lado, con los resultados esperados. Todo el cobertizo explotó, enviando a los tres hombres heridos al hospital, junto con 16 estudiantes que estaban parados afuera. La tuza fue encontrada después, completamente ilesa y asida de una pared que quedaba. Fue recapturada, liberada en el bosque, y salió corriendo alegremente.

La lección aquí es simple. Lo que sea que hagas, recuerda detenerte y pensar.

Thomas Watson, el fundador de IBM, cubrió las paredes de las oficinas centrales de la compañía con placas enmarcadas que contenían una sola palabra: «PIENSA». En caso de una emergencia en vuelo, los pilotos de combate están entrenados para no hacer nada hasta que se tomen un momento para «parar y pensar».

Los psicólogos enseñan que una de las cualidades mentales más importantes es la atención plena («mindfulness»), la habilidad mental para enfocarse plenamente en cada momento y pensar claramente.

Lo que sea que hagas, «detente y piensa» primero.

La Biblia dice en Proverbios 4.25–26: «*Pon la mirada en lo que tienes por delante; fija la vista en lo que está frente a ti. Endereza las sendas por donde andas; allana todos tus caminos*». *(NVI)*

39 - Lecciones de mis hijos, parte 1

(mayo 10-16)

Amy y yo acabábamos de regresar de un compromiso de conferencia en Springfield, Ohio. Era un miércoles.

Llegamos a nuestro hogar en Marietta, Georgia, un suburbio de Atlanta, esa tarde y nos preparamos para descansar. Amy tenía 8 meses de embarazada con nuestro primer hijo y estaba feliz de estar en casa. Teníamos grandes planes para la semana. Yo iba a terminar el cuarto para el bebé varón que estábamos convencidos que venía y ambos estábamos programados para comenzar nuestra primera clase de preparación para el nacimiento el viernes.

La fecha prevista para el nacimiento del bebé fue el 26 de septiembre; por lo tanto, habíamos planeado nuestro itinerario para que Amy no viajara después del evento de Springfield que acabábamos de terminar. Estábamos listos para instalarnos y alistarnos para el nuevo bebé.

Esa tarde, Amy sintió náuseas y decidió irse a dormir temprano. A media noche, despertó y dijo que se sentía peor. Me pidió que llamara al médico. El doctor dijo que parecía la gripe, pero sugirió que lo viéramos en el hospital como precaución. Unas cuantas horas más tarde, como a las 4:30 a.m., nuestro bebé había nacido, pesando 4 libras y 11 onzas (2,1 kg). Nuestra mayor sorpresa (esto fue antes de la era del sonograma), era que nuestro pequeño niño era una niña. Habíamos seleccionado un nombre de niño, así que de repente tuvimos que pensar en el nombre de una niña. Amy tenía una amiga con una hija de nombre Allison y siempre nos había gustado la niña (mi abuela paterna también se llamaba Alice). Amy sugirió el nombre Allison y agregó Joy porque dijo que le recordaba la Navidad, su día festivo favorito. Estuve de acuerdo y le dimos la bienvenida a Allison Joy en la familia.

Allison Joy es ahora la Tesorera Estatal de Kentucky y la funcionaria estatal electa más joven en los Estados Unidos.

He aprendido varias lecciones especiales de mi hija.

1. Estaba tan ansiosa por llegar al mundo que llegó temprano. Todavía muestra la misma energía emocionante y esa ansiedad que la hace avanzar continuamente. Esa es la lección de vivir con confianza.

2. Como niña era intrépida y como adulta sigue sus sueños sin temor. Esa es la lección de coraje.

3. Trabaja duro para lograr sus metas y nunca se da por vencida. Esa es la lección de la consistencia.

4. Se entregó de todo corazón a Jesucristo como su Señor y Salvador cuando era niña y ha crecido en esa relación como adulta. Esa es la lección de compromiso.

5. Dios te bendiga, Allison. Siempre has contado con mi amor y te has ganado mi respeto.

La Biblia dice en Salmos 127.3: «*He aquí, la herencia de Jehová son los hijos…*». *(RVR1960)*

40 - Lecciones de mis hijos, parte 2

(mayo 17-23)

Estábamos súper emocionados cuando descubrimos que Amy estaba embarazada. Nuestra hija Allison tenía 11 años y estaba ansiosa por tener un nuevo hermanito o hermanita.

Amy y yo continuamos nuestro programa de conferencias y nos preparamos para la llegada. Después de regresar de un viaje, Amy no se sintió bien y decidió descansar. En plena noche, nos apresuramos al hospital donde Amy tuvo un aborto espontáneo. Tenía 4 meses y medio de embarazo. Nuestra decepción fue profunda y perturbadora. Todos, incluyendo a Allison, sentimos el dolor y la pérdida.

La noche en que perdimos al bebé, llamé a unos amigos especiales en North Carolina y les pedí que oraran por nosotros. El siguiente día, el esposo de la pareja que habíamos llamado me llamó y me preguntó si estaríamos interesados en la adopción. Una pareja con la que él había trabajado tenía una hija adolescente que estaba embarazada y no estaba casada. Quería tener al bebé y luego dar al niño en adopción. Después de una serie de reuniones, llegamos a un acuerdo de adoptar al bebé.

Preparamos el cuarto del bebé, compramos boletos de avión para estar presentes en el nacimiento y luego oramos y esperamos. La fecha prevista del parto era en noviembre, pero una semana antes del nacimiento, hubo un cambio inesperado con los padres de nacimiento y la adopción fue cancelada. Nuevamente, nuestra decepción y sentido de pérdida fueron intensos. Expresamos nuestra confianza en Dios y nuevamente entramos a un periodo de espera.

En febrero de 1994, Amy volvió a descubrir que estaba embarazada. Nueve meses más tarde, nació nuestro hijo Jonathan. Cuando llamamos a nuestros amigos íntimos en North Carolina para anunciarles el nacimiento, la esposa nos informó que Dios le había revelado a ella esa mañana que Él había traído a Jonathan a nuestras vidas para un propósito específico e importante que se presentaría en un punto especial. Estaba convencida de que Jonathan estaba aquí por una razón especial.

Jonathan tiene ahora 21 años y es un graduado reciente de la Universidad Liberty. Actualmente asiste a la facultad de derecho. Él tiene una relación maravillosa y creciente con Jesucristo y está lleno de anticipación acerca del potencial de impactar a su generación para Dios.

He aprendido lecciones clave de Jonathan.

1. Jonathan tiene un corazón honesto. Nunca miente o siquiera engaña. Nunca distorsiona la verdad. Está comprometido a la honestidad y exhibe ese valor en su vida diaria. Tiene integridad.

2. Es fuerte. Siempre se ha negado a todas las tentaciones de drogas, alcohol e inmoralidad sexual. Sus amigos incluso bromean acerca de que Jonathan es la única persona que nunca hará algo incorrecto. Es disciplinado.

3. Jonathan tiene un espíritu de compasión. Es la persona «a quien acudir» cuando alguno de sus amigos está en problemas. Siempre está disponible para ayudar y afronta sus situaciones con sensibilidad y cuidado. Es amoroso.

4. Jonathan es un pensador. Nunca acepta una posición o cree en una idea tan solo porque alguien dice que es verdad. Se niega a apoyar una creencia solo porque sea políticamente correcta. Investiga, examina y revisa la Biblia. Él llega a sus propias conclusiones. Es minucioso.

Dios te bendiga, Jonathan. Tu madre y yo estamos ansiosos por ver lo que Dios hará con tu vida.

La Biblia dice en Proverbios 10.1: «*El hijo sabio es la alegría de su padre*». (NVI)

41 - Una influencia inesperada

(mayo 17–23)

Jerry era un minero de carbón con un sueño. Quería una mejor vida para su esposa y cinco hijos.

En una época cuando que los caminos eran peligrosos y el dinero escaso, él encontró una forma de viajar a una universidad, donde obtuvo una licenciatura en educación. Se convirtió en maestro de educación pública y logró trasladar a su familia de su pequeña finca a la ciudad. Entonces decidió seguir avanzando su educación obteniendo una maestría en educación. Comenzó un servicio de taxis (con su único auto) y usó los ingresos combinados de su trabajo como maestro y del negocio de taxi para pagar por un título más avanzado en la Universidad Estatal Morehead en Morehead, Kentucky. Se convirtió en la primera persona en lograr una maestría de cualquier tipo en la historia del condado de Floyd, Kentucky.

Cuando Jerry estaba al principio de sus cuarentas, desarrolló una enfermedad del corazón en una época cuando el tratamiento efectivo era casi desconocido. Fue debilitándose hasta morir a los 46 años. Su familia estaba devastada.

Jerry fue conocido como un hombre que era inusualmente efectivo con la oración. Era querido por todos los que lo conocían y fue un cristiano profundamente comprometido, quien ejecutó una influencia poderosa de oración en la comunidad. Por muchos años, muchas personas afirmaron que pudieron experimentar a Cristo como su Salvador solo porque Jerry oró por ellos.

Durante el último año de su vida, Jerry ayudó a cuidar a su nieto bebé, el hijo de su única hija, Christina. Christina comentaría años después que observaba a su padre mecer la cuna del bebé con su bastón, demasiado débil para levantarse, y orar por su nieto. Después ella recordó un día en particular en que observaba desde una puerta abierta y oyó a su padre fervientemente orando para que Dios condujera a su nieto a una relación con Cristo y algún día lo llamara para hablar públicamente en el ministerio, para que así pudiera ayudar e influenciar espiritualmente a miles de personas.

Justo antes de su primer cumpleaños, el abuelo del niño murió, pero la influencia inesperada de sus oraciones sobrevivió. El niño llegó a conocer a su Salvador a los 13 y luego sintió un llamado para avanzar hacia un ministerio público cuando tenía 15. Él no supo nada de las oraciones de su abuelo hasta que fue un adulto.

Yo soy el nieto de Jerry y un ejemplo viviente del poder de las oraciones de un hombre.

¿Por quién necesitas orar hoy?

La Biblia dice en Santiago 5.16: «*La oración del justo es poderosa y eficaz*». *(NVI)*

42 - No entres en pánico

(mayo 24–30)

En 1978, una investigación interna reveló que alguien (ya sea auxiliares de vuelo o personal de mantenimiento) estaba secretamente robando las mini botellas de licor en una aeronave particular de Pan American. Las botellas costaban a la línea aérea 35 centavos cada una y se tomó la decisión de atrapar a los culpables y detener la pérdida de dinero.

El personal de seguridad colocó un reloj oculto dentro del gabinete de las botellas para registrar qué tan seguido y a qué hora se removía una botella. Los auxiliares de vuelo no fueron informados porque eran sospechosos, pero esto causó un problema inesperado. Debido a que las auxiliares de vuelo no sabían nada, una de ellas oyó el sonido del tic que provenía del gabinete del licor y entró en pánico. Alertó al capitán (a quien tampoco se le había informado acerca de la operación) y él redirigió el avión, hizo un aterrizaje de emergencia e hizo descender a todos los pasajeros. Cuando el temporizador fue descubierto, el departamento de seguridad admitió que ellos habían plantado el dispositivo para atrapar a los potenciales ladrones. La parada no programada le costó $15.000 (en dinero de 1978) a la línea aérea, pero sí lograron salvar varias botellas de 35 centavos cada una.

El 17 de octubre de 1995, Joanna Ashworth oyó un fuerte ruido fuera de su casa en Level Plains, Alabama. Fue al patio y vio un misil de 18 pulgadas (45,7 cm) que sobresalía de la parte superior de su cobertizo. Llena de pánico, llamó a la policía local, quien envió al teniente Ralph Reed a investigar.

Reed examinó el misil y concluyó que parecía tener marcas militares y contactó a las autoridades de la base militar en Fort Rucker. Estos oficiales ordenaron una evacuación del área y alertaron a una unidad antibombas en Fort Benning, Georgia.

El equipo antibombas llegó cuatro horas más tarde y trabajó cuidadosamente con el proyectil por 30 minutos. Concluyeron en que el dispositivo era un juguete y se fueron. Varios días después, un niño de 14 años entró a la comisaría local y dijo que había perdido su cohete de juguete después de lanzarlo desde un parque infantil. El chico identificó el misil como su cohete perdido.

Cuando algo inesperado o inusual ocurra, recuerda: No entres en pánico. Frecuentemente, las circunstancias no son tan malas como tú temes.

Antes de hacer algo,

1. Observa cuidadosamente los detalles.

2. Toma un momento para evaluar la situación.

3. ¡EVITA EL DRAMA!

El pánico produce malas decisiones. La calma guía tus acciones con sensatez.

La Biblia dice en Isaías 41.10: «*Así que no temas porque yo estoy contigo...*». *(NVI)*

43 - Ánimo sorpresa

(mayo 24-30)

A todos les encantan los ganadores. A Jimmy Carter le encantaban los perdedores.

Carter parecía haber salido de la nada cuando ganó la nominación presidencial de su partido en 1976. Era el propietario de un negocio familiar de almacenes de cacahuates (fundado por su padre) en la Georgia rural y había sido electo para un término como gobernador de su estado, después de servir cuatro años en el Senado estatal de Georgia. En una ahora famosa historia, Carter le dijo a su madre que se estaba postulando para presidente y ella preguntó: «¿Presidente de qué?».

Aunque era conocido para los votantes de Georgia, era en gran parte desconocido para el resto de los Estados Unidos. El reconocimiento de su nombre era del 2 %. Triunfó al adoptar una estrategia inesperada de doble enfoque.

Decidió que su mejor oportunidad era enfocarse agresivamente en los estados (y la gente) que generalmente era desatendida durante el año anterior a una campaña presidencial. Viajó 50.000 millas, visitó 37 estados y dio 200 discursos de campaña antes de que alguien supiera lo que estaba haciendo e hizo que los ciudadanos con los que se encontraba se sintieran especiales mientras él cultivaba su apoyo.

Pero la parte más inusual de su estrategia fue hacer algo que nadie había hecho antes, algo que él logró dos años antes.

Carter había recopilado una lista de todas las personas en su partido que se habían postulado en las elecciones de término medio de 1974 y **habían perdido**. Localizó los números de teléfono de cada candidato que perdió (había cientos) y llamó a toda la lista durante los días antes de la elección de 1974. Se presentó con cada candidato que había perdido y les dio palabras de entendimiento y ánimo. Les pidió que no se dieran por vencidos y que consideraran postularse otra vez. Registró la dirección de correo de cada persona e hizo seguimiento (esto era antes del correo electrónico) al enviar su nombre e información de contacto. En casi todos los casos, la llamada de Carter fue la única llamada de ánimo que recibieron estos candidatos que habían perdido.

El resultado fascinante de estas llamadas sorpresa de ánimo fue crear un ejército de figuras políticas locales bien conectadas en todos los 50 estados que respondieron con lealtad extraordinaria y apoyo cuando Carter anunció su candidatura para presidente dos años más tarde.

Carter cultivó a los perdedores y ellos le ayudaron a ganar.

No te estoy recomendando que alientes a la gente por una razón egoísta. Te estoy pidiendo que recuerdes que la gente más necesita ánimo cuando ha sufrido pérdidas o incluso cometido un error. Una señal de amor genuino y verdadera amistad es contactar a alguien para darle ánimo cuando se sienta abatido. Recibirá suficiente apoyo cuando se sienta bien.

¿A quién necesitas sorprender con ánimo hoy?

La Biblia dice en Proverbios 17.17: «*En todo tiempo ama el amigo, y es como un hermano en tiempo de angustia*». *(RVR1960)*

44 - Un agradecimiento no programado

(mayo 31–junio 6)

No es el Día de las Madres. Ni siquiera es el cumpleaños de mi madre (el 28 de agosto, un día después del de Allison). Pero es un día perfecto para expresar agradecimiento por mi madre excepcional.

Hay numerosas oportunidades para mostrar agradecimiento en momentos oficialmente programados, pero yo creo que el reconocimiento que se da en momentos no programados e inesperados es especialmente significativo. Es por eso que estoy utilizando este Ballpoint para honrar a mi madre.

La primera memoria de mi madre es el yo verme sentado a sus pies, mientras ella me fascinaba con historias emocionantes de la historia de nuestra familia. Me contaba historias dramáticas de parientes que habían hecho algo destacado (y cuya historia valía la pena contar) o tuvieron una experiencia poco común. Terminaba cada historia con una lección positiva que me enseñó mucho acerca de las cualidades importantes, tales como una buena actitud, valentía, perseverancia o responsabilidad. Las historias siempre estaban repletas de detalles que le encantarían a un niño pequeño.

Una vez me contó cómo su hermano mayor, Adrian, había perseguido a un auto sin conductor cuesta abajo por una montaña, apenas alcanzándolo y estirándose por la ventana para sujetar el volante y, con fuerza y determinación, parando el auto y salvándole a ella la vida. Me encantaba la

emoción y los elementos «extraordinarios» de sus historias. Me hacían querer hacer cosas buenas y grandiosas.

Las fotos anteriores son de mi madre alrededor del tiempo de mi nacimiento (tenía 20 años) y otra de ella hoy a los 86.

Quiero honrar a mi madre por varias cosas específicas:

1. Su dureza. Ella creció en una granja con cuatro hermanos y desde temprana edad aprendió a trabajar y ganar. En una ocasión, mi perro grande y leal (una cruza de collie y Alaskan husky) saltó sobre mi madre, porque ella me estaba regañando. Ella le dio un puñetazo, pegándole en la mandíbula, y lo derribó en pleno vuelo. Nunca la volvió a molestar.

2. Su honestidad. Nunca le ha mentido a nadie, en ningún lado y en ningún momento.

3. Su inquebrantable amor y compromiso hacia mi padre y a mí. Nadie me ha amado y apoyado más (aunque mi esposa Amy es ciertamente su igual en esto).

4. Su preocupación consistente por otras personas. Ella me enseñó a respetar a todos por igual, sin importar el color de su piel, estado económico u origen. Ella, incluso ahora, quizá sea la persona más amada en nuestra comunidad.

5. Es una feliz seguidora de Jesucristo. Es una mujer de oración e influencia espiritual que comparte una relación contagiosa con su Salvador.

Entonces, no es el Día de las Madres o su cumpleaños. Es solo un buen día para reconocer a alguien que merece mi amor y honor.

¿A quién puedes contactar hoy con un momento de aprecio no programado?

La Biblia dice en Filipenses 1.3: *«Doy gracias a mi Dios cada vez que me acuerdo de ustedes». (NVI)*

45 - Sé único

(mayo 31–junio 6)

Lo que te hará destacar no es lo que te hace verte igual, sino lo que es diferente acerca de ti.

La siguiente es una lista de trabajos poco comunes donde la persona que hacía el trabajo no tuvo temor a ser diferente.

Cazador de abejas asesinas: Tu trabajo es encontrar a las abejas asesinas que se están moviendo hacia el norte desde Centroamérica y destruirlas antes de que puedan llegar a Norteamérica.

Chofer de animales: Tu limusina para mascotas está equipada con suaves mantas, flores artificiales que imitan los espacios al aire libre y un sistema completo de entretenimiento para que disfruten los animales mientras viajan.

Lanzador de pollos: Tu trabajo es disparar pollos muertos contra aviones a través de un cañón especial para determinar qué daño hace el impacto de un ave.

Agricultor de malas hierbas: Tu trabajo es cultivar una multitud de malas hierbas diferentes para que puedas venderlas a las compañías para investigación de herbicidas.

Monitor de himnos: Esta es una posición única que, según sabemos, solo una persona ha ocupado. El Rey Alfonso de España no tenía oído musical, por lo tanto, contrató a un hombre para que lo acompañara en eventos públicos e hiciera una señal cuando sonaba el himno nacional español para que él pudiera saber cuándo hacer el saludo.

No tengas miedo de intentar algo diferente. Puede que sea la puerta para un éxito inesperado. ¿Qué estás esperando?

La Biblia dice en Eclesiastés 9.10: «*Y todo lo que te venga a la mano, hazlo con todo empeño…*». *(NVI)*

46 - Compañerismo

(junio 7-13)

Rupert murió esta semana. Deseo honrar su memoria y expresar mi gratitud por su amistad leal.

Rupert dio gran gozo a nuestra familia. Siempre estaba disponible. Disfrutaba de nuestra compañía y con entusiasmo mostraba su agradecimiento por los momentos que pasábamos juntos. Se reunía con mi padre todas las mañanas para caminar juntos. Estaba loco por mi mamá y no se cansaba de estar con mi esposa, hijo e hija.

Rupert nunca se quejaba y parecía saber cuándo necesitábamos más de su compañía. El estar con él era como tener una comida de pura felicidad. Amamos a Rupert y él ciertamente nos amó a nosotros. Aunque no era humano, fue uno de los mejores amigos.

Han pasado casi 13 años desde que Amy y yo decidimos encontrar a un perro para Allison y Jonathan. Seleccionamos un bichón Frise, una raza que, según Wikipedia, es «juguetona, enérgica, amable, alegre, afectiva y sensible».

Encontramos a un criador cerca de Louisville, Kentucky, hicimos una cita y condujimos para una visita. Nos sentamos en medio de una multitud de perritos juguetones y tratamos de elegir al que queríamos. Casi nos habíamos dado por vencidos cuando Jonathan, quien tenía 9 años, se puso en pie y caminó hacia un lado del cuarto donde un perrito solo estaba sentado aparte del grupo y simplemente mirándonos. Jonathan lo escogió y dijo: «Éste es el elegido».

Estuvimos de acuerdo y efectuamos la compra. Lo llamamos Rupert, como el Golden Labrador que habíamos conocido en un hotel con 400 años de historia en Inglaterra donde nos habíamos hospedado recientemente. Pensamos que era un nombre lindo y habíamos decidido usarlo para cuando tuviéramos nuestro propio perro.

Mis padres se enamoraron de Rupert y aceptaron cuidarlo mientras viajábamos. Debido a que mi madre y padre viven a solo cinco minutos a pie de nosotros, era fácil compartir a Rupert. Pronto, todos nos dimos cuenta que Rupert era el perro más listo que jamás habíamos conocido, y él rápidamente se integró a la vida de la familia.

Este domingo pasado por la noche, acabábamos de llegar a casa de un viaje, cuando mi madre llamó y me pidió que fuera a su casa. Dijo que algo le había pasado a Rupert. Cuando llegué a su casa, Rupert estaba en los brazos de mi padre, donde había muerto tranquilamente unos cuantos minutos antes, rodeado de la gente que él amo. Jonathan y yo lo enterramos en su patio.

Dios nos da muchos tipos de bendiciones. Una de las especiales es la compañía entre los fieles amigos animales y los humanos que los cuidan. El Dr. Robert Cooper, experto en salud y estado físico, dice que numerosos estudios sugieren que «los dueños de mascotas disfrutan de mejor salud. Un año después de un ataque al corazón, los pacientes con mascotas tienen un 20 % de la tasa de mortalidad de aquellos que no tienen a un animal de compañía».

El legendario líder cristiano, John Wesley, amaba profundamente a sus caballos y creía que eran un regalo especial de Dios para ayudarlo a viajar y hacer su trabajo de ministerio.

Rupert definitivamente fue un beneficio y una bendición para todos nosotros. Mamá, papá, Amy, Allison, Jonathan y yo siempre estaremos agradecidos con Rupert.

La Biblia dice en Santiago 1.17: «*Toda buena dádiva y todo don perfecto descienden de lo alto, donde está el Padre…*». *(NVI)*

47 - Presta atención

(junio 7-13)

Isaac Patton era una persona generosa, amante de la diversión y que afirmaba la vida. Sirvió por más de 60 años como pastor y mentor espiritual en Louisiana y ayudó a numerosos jóvenes a prepararse para servir a Dios de forma efectiva y amorosa. Yo fui uno de esos jóvenes.

Conocí al Hermano Patton (como todo mundo lo llamaba) cuando yo estaba hablando en una cruzada cristiana en el Auditorio Cívico de Monroe, Louisiana. Yo tenía 19 años. Me adoptó como uno de sus aprendices. Aprendí a servir y a dar de este hombre de Dios.

Después de que Amy y yo nos casamos, Isaac y su esposa June nos invitaron a visitarlos en el verano. Tenían un campamento de pesca en el lago D'Arbonne en el norte de Louisiana y pasamos una semana delirantemente feliz, y regresamos por los siguientes cuatro veranos.

Después de una de nuestras visitas, nos habíamos trasladado a la casa de Patton para facilitar nuestro viaje a Kentucky temprano por la mañana. Yo tenía un calendario apretado que cumplir y tenía que salir a cierta hora. Después del desayuno, caminé hacia el carro y vi que tenía una llanta ponchada. Luego me di cuenta de que estaba tan dañada que tendría que buscar otra. El proceso completo tomó dos horas y arruinó nuestro horario.

Cuando el neumático había sido reemplazado y Amy y yo nos estábamos preparando para salir, el Hermano Patton notó que yo me veía enojado y frustrado. Cuando me preguntó acerca de mi reacción, le respondí que, por supuesto, estaba enojado, dado que todos mis planes se habían interrumpido. Él entonces me dio uno de los mejores consejos que he recibido.

El Hermano Patton me dijo que estaba convencido de que cuando algo inusual e inesperado interfería con la vida, eso era simplemente un recordatorio para confiar aún más en el amor y la sabiduría de Dios. Él dijo que Dios había permitido mi percance en ese preciso momento por una buena razón. Quizá Dios nos había salvado de un accidente al permitir nuestra tardanza. Lo importante es recordar que podíamos confiar en nuestro Padre celestial.

Desde ese día, cuando he experimentado un desafío inesperado, siempre recuerdo reemplazar el estrés con la confianza. Es buen consejo.

Esta misma semana, estaba empacando nuestro auto para un viaje, cuando tuve un sentido abrumador de que debería transferir nuestro equipaje a nuestra Suburban grande y conducir ese vehículo en vez del otro. De camino a casa, chocamos con un ciervo de seis puntas. Gracias a Dios que estábamos en la Suburban. El tamaño del vehículo puede haber salvado nuestras vidas. Tuve razón en escuchar esa urgencia interna.

Presta atención. Dios puede estar comunicándose contigo para propósitos que ni siquiera sabes.

La Biblia dice en Romanos 8.28: «*Y sabemos que Dios dispone todas las cosas para el bien de quienes lo aman, los que han sido llamados de acuerdo con su propósito*». *(NVI)*

48 - Tranquilo y claro

(junio 14-20)

Una mujer recientemente llevó a su perro, un labrador dorado exuberante, a una escuela especial para recibir entrenamiento. La experiencia fue más difícil de lo que ella esperaba.

Kay, la dueña del perro, estaba orgullosa de su habilidad de enseñarles un comportamiento adecuado a sus mascotas. Leyó varios libros de instrucción canina y procedió a trabajar con su nuevo compañero. Debido a que vivía en una comunidad de condominios, era importante que su perro pudiese recibir instrucción bien y con facilidad dentro de este ambiente. El perro amaba a Kay, pero algo estaba faltando en su desarrollo. Kay pronto decidió que necesitaba ayuda y llevó al perro a una escuela especial.

La instructora estaba observando a Kay trabajar con Boston, el labrador (era de un criadero en Boston), y ella notó que cuando Kay quería que el perro se sentará, ella decía «siéntate» y cuando Boston continuaba saltando alegremente, ella se frustraba, levantaba la voz (hasta comenzar a gritar) y repetía «siéntate, siéntate, siéntate» una y otra vez hasta que Boston finalmente se sentaba.

La instructora le preguntó a Kay si este era su enfoque usual y cuando ella dijo que sí, le explicó que el perro simplemente había aprendido que la orden de sentarse era con Kay gritando «siéntate, siéntate, siéntate» una y otra vez. Hasta no escuchar eso, Boston no sabía que debía sentarse.

Entonces, la instructora preguntó si Boston ladraba incontrolablemente cuando alguien llegaba a la puerta. Cuando Kay confirmó esto, la instructora le preguntó qué hacía para calmar al perro. Kay dijo que le gritaba para que parara. La instructora luego explicó que el perro oía sus gritos como «ladridos» humanos y los tomaba como un estímulo para seguir ladrando.

Todo lo que Kay estaba haciendo estaba basado en altos niveles de emoción e intensidad. El perro simplemente interpretaba las emociones elevadas de Kay como agresión y respondía con su propia agresión.

Es por esto que es importante para ti estar calmado y ser claro. Tú influencias a otras personas con lo que el Dr. Harold Bloomfield llama «emociones contagiosas». Bloomfield escribe que «sentirte afectado por los estados de ánimo y emociones de la gente a tu alrededor es una parte natural de la interacción humana».

Si quieres una respuesta calmada de alguien más, entonces comienza con un enfoque calmado tú mismo. Tú eres el líder. Puedes ayudar a determinar la reacción mediante tu propio control tranquilo y claro. Toma una respiración profunda y está tranquilo. Las otras personas seguirán tu ejemplo.

La Biblia dice el Salmos 46.10: «*Quédense quietos, reconozcan que yo soy Dios*». *(NVI)*

49 - ¡Gracias!

(junio 14-20)

Phyllis era diferente a cualquier otro amigo que alguna vez tuve.

Phyllis era una mujer acaudalada y amante de Dios que me ayudó en varios momentos clave de mi desarrollo temprano. Me proporcionó fondos para varios proyectos que Dios usó para, con el tiempo, llevarme a dónde estoy ahora. Siempre demostró una fuerza y madurez espiritual excepcional.

Una tarde, la visité en su casa. Nos dirigió (como siempre lo hacía) en un momento realmente poderoso de oración. Cuando ella oraba, hasta el aire se sentía más vivo con la presencia de Dios. Cuando terminamos, le pregunté cómo mantenía tal gozo y confianza. Su respuesta me sorprendió.

Comenzó dándome una lección de la historia de su vida. Dijo que había experimentado varias conmociones que la habían probado severamente. Su esposo había muerto relativamente joven de un ataque cardiaco repentino. Su único hijo había pasado por el divorcio y la ruptura. Algunos de sus nietos habían peleado serias batallas con decepciones personales. Su salud había empezado a generar incertidumbre. Los años habían estado llenos de desafíos y dificultades.

Luego agregó que su vida había sido maravillosamente feliz y satisfactoria y que se deleitaba por cada día. Cuando le pregunté cómo podía ser eso con sus muchas situaciones estresantes, me dijo que había descubierto el secreto de la calma y la felicidad.

Dijo que el descubrimiento había ocurrido cuando estuvo batallando con un ataque de depresión. Había orado por la ayuda de Dios y estaba leyendo la Biblia cuando se dio cuenta del poder asombroso de dar alabanza y gracias a Dios por todo. Dijo que cuando comenzó a expresar gratitud y dar gracias a Dios en medio de sus circunstancias, su corazón se elevó y el gozo palpitó a través de ella. Cuanto más alababa a Dios, más milagros hacía Él en su vida. Explicó que el aprender a dar gracias a Dios transformó su vida.

Esta lección ha transformado mi vida también. Un corazón agradecido y la gratitud a Dios tienen un poder sanador. Cuando das las gracias, demuestras que se puede confiar en Dios. La gratitud valida tu fe.

Recuerda que la amargura y el resentimiento destruyen, pero el agradecimiento y la gratitud renuevan. Sé agradecido.

La Biblia dice en Salmos 100.4: «*Entren por sus puertas con acción de gracias; vengan a sus atrios con himnos de alabanza; denle gracias, alaben su nombre*». *(NVI)*

50 - El lado interno

(junio 21-27)

Salvatore nació el 16 de febrero de 1935 en Detroit, Michigan de un padre que había emigrado de Italia. Él y su familia se mudaron a California cuando él tenía siete años. Asistió a la escuela secundaria en Inglewood, California, pero no se graduó.

Salvatore tenía mucho que superar. Medía solamente 5 pies y 5 pulgadas (1,65 m) de estatura y, según su segunda esposa, era «el hombre con el aspecto más extraño que ella jamás había visto». Fascinado por la industria del entretenimiento, logró obtener un empleo como «recadero» general para el promotor de estrellas de música pop, Phil Spector.

Salvatore decidió intentar escribir una canción y pidió prestado $175 para que grabaran su primer tema. La canción de Salvatore, «Baby Don't Go» tuvo éxito suficiente para que él se animara a avanzar. Conoció y se casó con su segunda esposa y pensó que ella tenía suficiente talento como para cantar públicamente. Ella era tímida e insegura y no estaba de acuerdo.

Salvatore eventualmente la persuadió de unirse a él en un acto y comenzó a escribir música que pudieran cantar juntos. Después de mucho trabajo duro y múltiples arranques y paros, el público conectó con ellos y se hicieron ampliamente populares, vendiendo 40 millones de discos y presentando un programa de televisión con un alto nivel de audiencia. Él también actuó en numerosos programas de televisión y películas. Para entonces, Salvatore era conocido por el nombre afectuoso que su madre le había dado cuando era niño: «Sonny». Él y su esposa Cher habían conquistado el mundo del entretenimiento.

Sonny Bono luego sirvió como alcalde de Palm Springs, California de 1988 a 1992 y fue electo para servir dos términos en el Congreso. Su amigo, colega actor y congresista de cuatro términos, Fred Grandy, dijo de Sonny: «Una cosa que puedes decir acerca de él: Tuvo éxito en dos de las industrias más difíciles en este país, el mundo del espectáculo y la política, dos industrias que toleran casi todo, menos el fracaso». El autor Alan Elliott dice que «lo que Sonny carecía en cuanto a apariencia, lo compensó con determinación e inteligencia».

Lo más importante acerca de ti no es lo que está en tu exterior, sino lo que está dentro de ti. Tú puedes cambiar tu vida al simplemente tener suficientes agallas y determinación para vencer todo pronóstico y lograr tus metas. Tu futuro no depende de tu apariencia o tu historia; depende de tus agallas. Eso es lo que está en «el interior».

La Biblia dice en 1 Samuel 16.7: *«No te dejes impresionar por su apariencia ni por su estatura. La gente se fija en las apariencias, pero yo me fijo en el corazón». (NVI)*

51 - El sentir de la buena forma física

(junio 21-27)

Cuando era joven, Joseph enfrentó múltiples desafíos físicos. Sufría de asma, fue afectado por el raquitismo e incluso tenía artritis, que por lo general aflige a la gente mucho más vieja.

La Alemania natal de Joseph estaba experimentando una revolución de aptitud física, por lo tanto, él decidió sumergirse en una rutina extensa de ejercicios. Pronto estaba haciendo pesas, calistenia y siguiendo un programa de gimnasia.

Cuando Joseph tenía 32 años, se mudó a Inglaterra y se convirtió en un entrenador físico para Scotland Yard. Para este momento, ya había superado muchos de sus desafíos y estaba ansioso por aprender nuevas técnicas. Mientras trabajaba para Scotland Yard, desarrolló una nueva idea. Joseph se dio cuenta de que la mayoría de las personas que él entrenaba eran demasiado débiles en sus músculos abdominales como para hacer simples ejercicios que requerían que se sentaran en un tapete y estiraran y soltaran estos músculos. Joseph llamó a esta área «el núcleo» y creó un sistema para fortalecer este grupo de músculos, que el llamó «Contrología». Él correctamente identificó a un «núcleo» fuerte como un elemento esencial para el estado físico en general. Entonces desarrolló un sistema de pesas y poleas y les enseñó cómo usarlo a sus clientes. Él luego le agregó estiramientos específicos a la rutina.

Joseph después se mudó a la ciudad de New York y abrió su estudio de entrenamiento físico que atrajo a dos de los más famosos bailarines del mundo en ese tiempo, George Ballanchine y Martha Graham. Su programa continuó creciendo en popularidad hasta que Joseph murió, todavía en buena condición, a la edad de 87 en 1967. En la actualidad, más de diez millones de personas usan su enfoque, que con el tiempo llegó a ser llamado por el apellido de Joseph, Pilates.

Yo comencé a correr el 2 de julio de 1992 y nunca he parado. El ejercicio físico regular es la fundación de mi buena salud y buena resistencia. Decidí hacer algo acerca de mi estado físico el 1 de julio de 1992 cuando estaba hablando en un evento y, siendo un hombre relativamente joven, tuve problemas para subir una escalera ordinaria. Comencé a correr la siguiente mañana.

Una vez leí una declaración poderosa de un experto de acondicionamiento físico. Él dijo: «Nada sabe tan bien como sentirse bien físicamente».

Estoy totalmente de acuerdo.

Joseph Pilates cambió su vida con una decisión de acondicionamiento físico. Yo hice lo mismo hace más de 20 años. Si esta es una decisión que necesitas hacer, hazla ahora. El acondicionamiento físico te puede ayudar a hacer todo lo demás que quieras hacer. Sin él, puedes limitar tu propia vida.

Levántate y ponte en marcha. ¡Te alegrarás de haberlo hecho!

La Biblia dice en 3 Juan 1.2: «*Querido hermano, oro para que te vaya bien en todos tus asuntos y goces de buena salud, así como prosperas espiritualmente*». *(NVI)*

52 - Tu primera reacción

(junio 28–julio 4)

Nació el 13 de julio de 1942 en Chicago, Illinois, proveniente de un padre irlandés católico y una madre judía. Tuvo una infancia normal sin ninguna experiencia fuera de lo común. Cuando tuvo la edad necesaria, se unió a los chicos exploradores (Boy Scouts) y con el tiempo, ascendió al segundo rango más alto de «Life Scout» (explorador vitalicio).

Asistió a la universidad Ripon College, obteniendo una maestría en filosofía, donde decidió tomar una clase de drama para aliviar su timidez. La clase funcionó lo suficientemente bien para ayudarle a obtener el empleo como el primer locutor en la nueva estación de radio de la universidad. Más tarde, ascendió al puesto de locutor de deportes.

Se mudó a Hollywood y trató de entrar a las películas, pero solo pudo conseguir unas pequeñas partes ocasionales. Para apoyar a su esposa y dos pequeños hijos, aprendió carpintería, lo cual más tarde le llevó a un trabajo como tramoyista del grupo de rock, the Doors.

Con la ayuda de un amigo y agente, consiguió una audición con George Lucas para una parte en la película *American Graffiti* en 1973. Obtuvo el papel e impresionó tanto a Lucas que el director le hizo una audición para una parte en su nueva película de ciencia ficción, *La guerra de las galaxias*.

Harrison Ford recibió la parte de Han Solo y se convirtió en una súper estrella internacional. Seguido del éxito asombroso de la franquicia de *La guerra de las galaxias*, Ford se convirtió en una estrella aún más grande tras interpretar el arqueólogo aventurero Indiana Jones.

Ford se hizo famoso por su habilidad de improvisar líneas y momentos memorables de forma espontánea en sus películas. Un ejemplo es la legendaria escena de *En busca del arca perdida*, cuando Jones es confrontado por un adversario amenazándolo con una espada y, en lugar de combatirlo, simplemente le dispara. Ford inventó esa respuesta porque tenía un virus estomacal y no quería hacer las acciones físicas requeridas.

Después, en la misma película, cuando a Jones le dicen que los Nazis se han llevado el arca bíblica en un camión, Ford improvisó: «¡Camión! ¿Qué camión?». Actuó el papel de Jones como un optimista energético quien, al enfrentar la adversidad, inmediatamente creía que todavía podría ganar.

Me encanta la primera reacción de Indiana Jones en esa escena. Instantáneamente reaccionó con creencia positiva.

¿Qué me dices de ti? ¿Cuál es tu «primera reacción»? Cuándo algo difícil te pasa, ¿respondes negativa o positivamente? Tu primera reacción le abre la puerta al resultado final. Si tu primera reacción es la negatividad, la preocupación y el pánico, entonces has comenzado a recorrer el camino al fracaso. Pero si puedes aprender a siempre tener una primera reacción de creencia y expectativa positiva, entonces puedes estar en la ruta hacia el éxito final.

Deja que tu primera reacción sea la fe y no la duda. Creer que puedes ganar es el primer paso para ganar.

La Biblia dice en Filipenses 4.13: «*Todo lo puedo en Cristo que me fortalece*». *(NVI)*

53 - Tiempo de orar

(junio 28–julio 4)

Sam Mills era un estudiante en la universidad Williams College en Williamstown, Massachusetts. Era bien querido, joven y energético, con el carisma de un líder natural.

Un día de verano de 1806, Mills y un grupo de sus amigos estudiantes decidieron caminar hacia un huerto de grandes árboles en un campo cerca del campus. Después de llegar al conjunto de árboles, se sentaron en la sombra y comenzaron a hablar acerca de sus respectivos futuros. Mills hizo un llamamiento apasionado por ideas que podrían conmocionar al mundo. Debido a que Mills y sus amigos eran cristianos profundamente comprometidos, los jóvenes estuvieron de acuerdo de que la necesidad más grande que percibían era una motivación más grande en sus compañeros estudiantes para seguir a Cristo y comunicarle a su generación acerca de Él.

A medida que Mills lideraba la discusión, todos reconocieron que la mayoría de los estudiantes cristianos parecían ser perezosos espiritualmente, con poco interés en extender el mensaje cristiano, pero nadie pudo crear alguna idea que pudiera funcionar. Los jóvenes se desanimaron por su incapacidad de llegar a soluciones viables.

De repente, algo ocurrió que inesperadamente cambió el curso de la Cristiandad en los Estados Unidos y en gran parte del mundo. Una tormenta feroz se desató violentamente en el área y los estudiantes corrieron a un pajar que se elevaba sobre el piso. La tormenta continuó por más de una hora, atrapando a los jóvenes debajo de su refugio en el pajar.

Mientras Mills y los otros esperaban, Mills sugirió que utilizaran el tiempo para orar. Los jóvenes abrieron sus corazones a Dios y le pidieron su divina dirección. Gradualmente, los estudiantes sintieron una presencia poderosa y comenzaron a sentir respuestas a sus preguntas anteriores. El grupo entero le pidió a Dios que tomara control y trajera un despertar a la iglesia en los Estados Unidos que inspirara una oleada de amor y un alcance para el mundo entero.

Después de la experiencia bajo el pajar, una explosión inmediata y sobrenatural estalló en las iglesias y las universidades en toda la región del este del Atlántico. Miles de cristianos se hicieron voluntarios para dirigir las misiones a través de los Estados Unidos y en otros numerosos países. Los historiadores dicen que el movimiento más grande del evangelismo cristiano en la historia del mundo comenzó en «la reunión de oración del pajar» y continuó por más de cien años.

Lo que no se pudo lograr mediante el esfuerzo humano fue hecho cuando este grupo de estudiantes decidió orar en lugar de debatir. Sus oraciones le encomendaron todo a Dios, y Él hizo lo que ellos no podían. Un milagro internacional ocurrió no solo porque estos jóvenes intelectualizaron, sino porque oraron.

Cuando ya has agotado todas tus opciones, quizá sea tiempo de orar. Las oraciones involucran a Dios y cuando Dios está involucrado, todo es posible.

He visto más respuestas específicas a la oración de lo que pueda abordar aquí. Dios sí responde a tus oraciones.

La Biblia dice en Salmos 127.1: «*Si el Señor no edifica la casa, en vano se esfuerzan los albañiles*». *(NVI)*

54 - Toma un descanso

(julio 5–11)

Winston Churchill por lo general se levantaba a las 8:00 a.m. y tomaba el desayuno en la cama, respondiendo cartas y dictando a diferentes secretarios (necesitaba más que uno). Luego, tomaba un baño largo y muy caliente, donde pensaba en varias situaciones y escenarios.

Seguido del baño, Churchill comía un largo almuerzo y luego pintaba o jugaba a las cartas con su esposa, Clementine. Después hacía lo que hacía todos los días de su vida adulta. Se quitaba la ropa, se ponía el pijama y tomaba una siesta de dos horas, generalmente de las 4:30 a las 6:30 p.m. Después de la siesta, tomaba otro baño (largo y muy caliente), se vestía, cenaba y comenzaba a trabajar en serio a las 11:00 p.m. Durante toda su vida ocupada y demandante, él declaró que la única cosa de la cual no podía prescindir era su sienta vespertina.

Lyndon Johnson, el 36° presidente de los Estados Unidos, se levantaba a las 6:30 a.m., leía los periódicos en la cama y luego iba al Despacho Oval. Durante la mañana, tomaba un descanso para ejercitarse (natación o una caminata enérgica), comía el almuerzo y luego se ponía el pijama y tomaba una siesta de 30 minutos. Después de su siesta, volvía al trabajo.

Napoleón era legendario por su aguante en el trabajo, pero aun así insistía en la privacidad para tomar más de una siesta todos los días, incluso cuando estaba dirigiendo batallas.

John F. Kennedy se ejercitaba cada mañana (generalmente nadaba), comía el almuerzo y luego tomaba una siesta de una a dos horas. Consideraba el tiempo de la siesta tan valioso que les ordenaba a sus ayudantes que solo lo molestaran en caso de una verdadera emergencia.

El general confederado y genio militar Stonewall

Jackson era famoso por las numerosas «siestas de cinco minutos» que tomaba a través del día.

Todos estos individuos de grandes logros reconocían la importancia del descanso en la tarde. Usaban las siestas para renovarse y revitalizarse.

La Fundación Nacional del Sueño dice que una siesta regular durante la tarde, aunque no sustituye una buena noche de sueño, es una forma confiable para mejorar «el estado de ánimo, el estado de alerta y la ejecución».

Disculpa, tengo que ir a tomar una siesta.

La Biblia dice en Salmos 127.2: «...*porque Dios concede el sueño a sus amados*». *(NVI)*

55 - El flujo sanguíneo

(julio 5-11)

K enny y Jeanette me han ayudado a liberarme del dolor.

Kenny es un fisioterapeuta que conocí en una conferencia de negocios. Él es toda una expresión humana espigada de amabilidad y energía. Cuando notó que yo tenía movilidad limitada en mi brazo derecho, él se ofreció a venir a mi habitación del hotel y aliviar el dolor que era la fuente de mi incomodidad.

Kenny rápidamente determinó la naturaleza de mi problema y dijo que podría ayudarme. Él entonces me explicó que se basaba en una teoría de que muchas experiencias físicas de malestar muscular y dolor eran causadas por nudos musculares que causaban un bloqueo del flujo sanguíneo. Me preguntó si yo le permitiría manipular mis músculos. Yo consentí. Kenny me advirtió que su tratamiento dolería, pero la remoción de esos nudos me daría alivio.

Kenny tenía razón. Dolió, pero también ayudó y mucho.

Tengo una amiga que también es fisioterapeuta que me ayuda de una forma similar con un masaje altamente dirigido. Jeanette también elimina contracturas. Su forma de hacerlo también duele, pero también ayuda.

Soy bendecido con otro amigo terapista, Joe, de New Jersey, quien es uno de los más talentosos terapistas que alguna vez he conocido. Me ha ayudado (con más que nudos y flujo sanguíneo) en numerosas ocasiones.

Deseo llamar tu atención a dos lecciones clave de estos encuentros.

1. Creo que la terapia de masaje puede darte beneficios más allá de tan solo el placer del tacto físico. Puede incluso mejorar el flujo sanguíneo, el cual puede

tener valor para todo el cuerpo. Toma tu propia decisión informada acerca de esto, pero a mí ciertamente me ayuda.

2. A veces necesitas a alguien que te ayude. Tus aflicciones y dolor se pueden reducir por la ayuda y apoyo de otra persona que se preocupe por ti. Esto definitivamente aplica a Dios, tu Padre Celestial, quien se preocupa por ti más que nadie.

La Biblia dice en Proverbios 17.17: «*En todo tiempo ama el amigo; para ayudar en la adversidad nació el hermano*». *(NVI)*

56 - Un corazón generoso

(julio 12-18)

En 1963, la compañía de seguros State Mutual Life en Massachusetts compró una compañía de seguros más pequeña con base en Ohio. La mayoría de los empleados de la compañía de Ohio quedaron muy descontentos.

Los ejecutivos de State Mutual intentaron crear una reconciliación entre los dos grupos de empleados, pero la tensión persistía. Ya casi se les habían acabado las opciones cuando alguien tuvo una idea. Un artista gráfico independiente fue contratado y se le pidió diseñar un símbolo que la compañía más grande pudiera usar como una expresión de amistad y felicidad.

Harvey Ball (no tenemos relación) consideró la situación y eventualmente, dibujó un diseño que se convirtió en uno de los éxitos más explosivos en la historia del mercadeo. State Mutual ordenó 100 botones basados en el dibujo e incluso los utilizó en el anuncio. El comercial mostró a numerosos empleados alegres usando los botones, incluyendo a un actor posando como el presidente John Adams, quien también exhibía el botón.

Los ejecutivos de State Mutual se sorprendieron cuando decenas de miles de personas escribieron a la compañía pidiendo botones para ellos mismos. El diseño asombrosamente simple de Harvey Ball invadió el mundo. El botón era tan popular que State Mutual regaló miles cada año hasta fines de los sesenta. La representación de una carita feliz y sonriendo de Ball estaba en todos lados.

Harvey se negó a presentar derechos de autor o marca de su carita feliz. No ganó dinero (excepto por la tarifa inicial de $45) y parecía estar contento de haber dado su creación al mundo. Años más tarde, cuando su diseño había llegado a ser posiblemente la imagen más dominante en el mundo, él dijo: «Nunca en la historia de la humanidad o el arte, una sola pieza de arte logró generar semejante aceptación, placer y gozo».

Eso pareció ser suficiente para Harvey Ball.

Uno de los secretos esenciales de la grandeza es un «corazón generoso». El egoísmo NUNCA trae felicidad. Cuando das sin esperar nada, desatas el poder de las bendiciones de Dios en tu vida, porque Dios ama la generosidad.

No encojas tu alma siempre calculando «¿cómo me beneficiará esto?». Expande tu vida e incrementa tu gozo al dar. Así es como comienzan los milagros.

La Biblia dice en 2 Corintios 9.7: «*Dios ama al que da con alegría*». *(NVI)*

57 - Una carcajada al día

(julio 12-18)

Toda la gente ve el humor de diferentes maneras, pero lo siguiente es gracioso para la mayoría de la gente.

Lo que estás a punto de leer son respuestas reales a pruebas reales, dadas a estudiantes reales en escuelas reales. No hay un registro de las calificaciones que recibieron.

P. ¿Qué le pasa a un joven durante la pubertad?
A. Le dice adiós a la infancia y entra en adulterio.

P. ¿Dónde fue firmada la Declaración de Independencia?
A. En la parte inferior.

P. Brevemente, explica por qué respirar es importante.
A. Cuando respiras, inspiras. Cuando no respiras, expiras.

P. ¿Por qué los hongos tienen sus formas distintivas?
A. Los hongos siempre crecen en lugares húmedos, por lo tanto, parecen paraguas.

P. Nombra uno de los más grandes logros de los romanos.
A. Aprender a hablar latín.

P. ¿Qué es un fósil?
A. Un fósil es un animal extinto. Cuanto más viejo, más extinto está.

Aprende a reírte ante las numerosas pequeñas cosas que circulan a través de tu vida. Ve el humor en la existencia de cada día. Es incluso bueno para tu salud.

El Dr. Robert Cooper escribe que «una rápida infusión de diversión no solo puede aumentar tu energía, sino que puede ayudarte a ... mejorar los procesos cognitivos tales como el juicio, la resolución de problemas y la toma de decisiones».

El Dr. Harold Bloomfield dice: «La risa estimula la producción en el cerebro de catecolaminas y endorfinas ... relacionadas a sensaciones de gozo, el alivio del dolor y fortalecimiento de la respuesta inmunológica».

Y el Dr. Edward deBono escribe que el humor «es por lejos el comportamiento más significativo de la mente humana».

Adelante. Ríete. Una carcajada al día puede ahorrarte estrés.

La Biblia dice en Proverbios 17.22: «*Gran remedio es el corazón alegre*». *(NVI)*

58 - Verifícalo

(julio 19-25)

Aparentemente, el hecho de que los medios den noticias falsas no es nada nuevo.

En 1961, la revista *Time* publicó un artículo acerca de un joven presidente de los Estados Unidos. El artículo declaraba que John Kennedy era excepcionalmente brillante y para probar su poder intelectual, el artículo declaraba que JFK había dominado un curso en una técnica recientemente desarrollada llamada «lectura rápida» y podía leer y retener unas asombrosas 1.200 palabras por minuto, un promedio que hubiera impresionado a Einstein. La verdad era algo diferente.

El artículo se basó en una entrevista con Kennedy, realizada por un reportero de *Time*, Hugh Sidey. Sidey deseaba presentar una visión positiva del presidente, por lo tanto, le preguntó cuán rápido podía leer. Kennedy respondió que podía leer un libro a 1.000 palabras por minuto. Sidey quiso inflar el número, por lo tanto, le preguntó a Kennedy si podía cambiar el número a 1.200. Kennedy asintió y el artículo fue publicado.

La verdad era que Kennedy nunca había completado el curso de lectura rápida e inventó la cifra de 1.000 palabras por minuto para dar una mejor impresión de su intelecto. En otras palabras, tanto él como el reportero mintieron, y luego publicaron la mentira.

Las declaraciones en ese artículo todavía sobreviven como noticias falsas. Varias biografías de Kennedy han repetido la mentira tan frecuentemente que muchos lectores todavía la creen.

Asegúrate de siempre hacer tu propia investigación. No solo aceptes una historia porque la leíste en el internet o la viste en televisión. Hay gente deshonesta por allí que usa sus plataformas públicas para impulsar sus propias intenciones privadas al manipular la información. Sé lo suficientemente inteligente para verificar los hechos y tomar tus propias decisiones. Serás un mejor ciudadano y un mejor líder.

Descubre los hechos y basa tus puntos de vista en la verdad. Al hacer esto, ayudarás a preservar una sociedad libre y próspera.

La Biblia dice en Salmos 51.6: «*Yo sé que tú [Señor] amas la verdad en lo íntimo*». *(NVI)*

59 - Encontrando la fuente de la juventud

(julio 19-25)

El 2 de abril de 1513, el explorador español Juan Ponce de León llegó con sus hombres a las costas de Florida. Supuestamente estaban buscando una legendaria «fuente de la juventud».

De hecho, no hay registro histórico que verifique que Ponce de León de hecho estaba buscando la misteriosa fuente, aunque los indios taínos del Caribe sí declaraban que ellos sabían que existía una fuente mágica y un río al norte de Cuba que tenía poderes restauradores, y este reporte puede haber llegado a los oídos de Ponce de León cuando acompañó a Cristóbal Colón en un viaje en 1493. Algunos historiadores incluso piensan que Ponce de León pudiera haber estado motivado para buscar una fuente de la juventud porque recientemente se había casado con una mujer 35 años más joven que él. Por lo tanto, quizá tenía una buena razón para la búsqueda.

Ponce de León no fue el primer hombre en buscar una fuente de rejuvenecimiento. En el siglo 4 a. C., Alejandro Magno, mientras se mantenía ocupado conquistando al mundo, afirmó haber descubierto un río místico con poderes curativos. Las historias de varias aguas de juventud han aparecido en Japón, las Islas Canarias, Polinesia e Inglaterra. Parece que la gente siempre está buscando el rejuvenecimiento físico.

No obstante, según el Dr. Henry Lodge, sí existe una especie de fuente de la juventud. En su libro *Younger Next Year for Women* (Más joven el año próximo, para mujeres), el Dr. Lodge (y su coautor Chris Crowley) explica el poder de las citoquinas. Escribe que el ejercicio físico regular hace uso del «microtrauma adaptable» para hacer que tu cuerpo se reinvente. Él dice que cuando te ejercitas, tus células liberan una citoquina llamada C-6 que causa inflamación en los músculos, seguido de una citoquina llamada C-10 que repara el daño. Cuando te ejercitas vigorosamente, más y más citoquinas C-6 y C-10 son liberadas hasta que tu flujo sanguíneo se inunda con ambas citoquinas. Este proceso no solo te repara a un nivel celular, sino que también te rejuvenece.

Tú tienes 660 músculos en tu cuerpo y cuando te ejercitas al punto de elevar tu ritmo cardiaco, entonces 60–70 % de tus músculos quedan bañados en C-6 y C-10. Lodge escribe que este proceso crea dentro de ti «una reserva masiva de juventud potencial».

Tu propia «fuente de la juventud» puede estar dentro de ti y esperando tu rutina de ejercicio para activarla. ¡Increíble!

No es ninguna sorpresa que la Biblia diga en Salmos 139.14: «¡*Te alabo porque soy una creación admirable!*». *(NVI)*

60 - Un rayo de ánimo

(julio 26–agosto 1)

Me encontraba viajando en el sur de Florida una noche con un amigo cuando decidimos parar y comer cerca de Jupiter, Florida.

Terminamos nuestra comida y estábamos dejando el restaurante cuando un hombre pasó por la puerta primero y se paró frente a nosotros. Estaba en mal estado, con la ropa hecha harapos, cabello rubio a la altura de los hombros y una barba completa. También era alto y atlético y parecía sorprendentemente saludable y robusto. Su forma esbelta sugería a alguien que estaba en una condición excelente, la cual contradecía su aspecto desaliñado.

El hombre se paró por un momento, luego sonrió y explicó que estaba sin hogar y necesitaba alimento. Nos pidió ayuda. Yo estaba escéptico, pero mi amigo le devolvió la sonrisa y le dio 20 dólares y agregó «Dios te bendiga».

Yo pensé que ese era el final de la experiencia y me preparé para salir cuando el hombre volteó a verme. Me miró atentamente con ojos amables y dijo que su nombre era Stephen y que, de hecho, había entrado al restaurante porque tenía un mensaje para mí. Me dijo que Dios quería que yo supiera que Él había oído mi oración y que Dios había decidido concederme mi solicitud y de que yo debería ser paciente porque la respuesta llegaría pronto y llegaría en el momento perfecto.

Sentí una repentina oleada de paz y poder y volteé a ver a mi amigo con sorpresa, pero cuando volteé a ver a Stephen, se había ido. Corrí hacia la puerta y miré en ambas direcciones, pero ya no estaba en ningún lado.

Lo que nadie sabía era que esa semana yo había enfrentado una seria crisis. Había estado orando frenéticamente por varios días por una respuesta. Ni siquiera le había dicho a mi esposa Amy. Nadie más que

Dios sabía mi necesidad urgente. Algún tiempo después de este extraño encuentro, Dios me dio mi respuesta. Fue perfecta y asombrosa. Dios me alentó en el momento exacto en el que más necesitaba su apoyo.

Muchas veces me he preguntado acerca de la verdadera identidad de Stephen. ¿Era él un ángel enviado por Dios para ayudarme o un hombre que Dios usó para acercarse a mí? No lo sé, pero lo que sí sé es que Dios entendió la importancia del ánimo y me lo dio cuando más lo necesitaba.

¿A quién conoces que necesite ánimo hoy? Haz una lista de tres personas quien les vendría bien un ánimo extra y contacta a cada uno de ellos con un mensaje positivo de aliento y ánimo. Haz que animar a los demás sea tu hábito diario.

La biblia dice en 1 Tesalonicenses 5.11: «*Por eso anímense y edifíquense unos a otros, tal como lo vienen haciendo...*». *(NVI)*

61 - Pasión

(julio 26–agosto 1)

Estaba dando una conferencia en Kiev, Ucrania. Era una semana de noviembre clara, fría y hermosa. Había llegado temprano y me estaba preparando para dar un seminario de éxito a 3.000 personas en un centro local de convenciones en dos días.

El primer día, hice un recorrido por el centro de Kiev a pie y descubrí que es una ciudad encantada de caminar. Miles de personas, la mayoría mucho más jóvenes que yo, llenaban cada calle y bulevar. Las temperaturas estaban heladas, pero todo mundo estaba alegre, gozoso y complacido de estar afuera. Cuando alguien se daba cuenta de que yo era estadounidense, me brindaban un gentil afecto.

El siguiente día, di un paseo a una iglesia antigua y acababa de dar vuelta a la esquina cuando oí una música suave e irresistible. Continué caminando y repentinamente, vi la fuente de esa melodía. Un anciano enorme, vestido de cosaco, con una gran barba blanca y un cabello ondulado que caía sobre sus hombros, estaba tocando un instrumento extraño, parecido a una guitarra, y cantando una vieja canción folclórica ucraniana desde el fondo de su corazón. Fue un momento conmovedor.

El viernes por la noche, di mi discurso ante un auditorio colmado. Cuando terminé, dejé el escenario y fui detenido por uno de los planificadores de la convención, quien me preguntó si podía presentarme un grupo que acababa de llegar ese día. Me dijo que habían quedado conmovidos por lo que acababa de decir y querían conocerme.

Entonces el hombre presentó a cuatro hombres y dos mujeres. No hablaban inglés; por lo tanto, el planificador de la convención tradujo. El líder me dijo que eran de Siberia y habían conducido 48 horas para la convención, parando solo para usar los sanitarios. Irradiaban emoción. Cuando les pregunté porque habían sacrificado tanto para venir al evento, el líder sonrió y dijo que habían venido porque alguien les dijo que Estados Unidos estaría allí y ellos sabían que Estados Unidos era la puerta a su libertad.

Me sentí abrumado por su pasión y compromiso. Me sentí honrado e inspirado por su ejemplo.

Dios nos ha dado a todos oportunidades para la libertad y el éxito. Necesitas respetar esas oportunidades y pedirle a Dios la pasión de perseguir Su sueño para ti. ¿Qué estás esperando? Atrapa tus oportunidades mientras puedas. Encuentra tu PASIÓN.

La Biblia dice en Colosenses 3.23: «*Hagan lo que hagan, trabajen de buena gana, como para el Señor...*». *(NVI)*

62 - El radar de bendiciones

(agosto 2-8)

E sta es una historia real.

En el 2010, una familia (que me ha pedido permanecer en el anonimato) estaba al final de una crisis financiera severa. Ya habían agotado todas las opciones y estaban a punto de perder su casa, la cual había estado con la familia desde los años cincuenta. Con profunda tristeza, comenzaron a empacar sus pertenencias en preparación para mudarse del hogar que amaban.

Cuando el padre y los niños fueron al ático, descubrieron una pila de cajas que habían sido dejadas por el abuelo de los niños. Las cajas eran desconocidas para la familia. Abrieron los contenedores y encontraron un montón de libros historietas. Un cómic estaba titulado *Action Comics #1*, con una imagen de Superman sosteniendo un carro sobre su cabeza, con fecha de junio de 1938.

El padre, esperando que el libro fuera especial, contactó a Vincent Zurzolo, propietario de Metropolis Collectibles en la ciudad de New York y le preguntó el valor del cómic. Zurzolo al principio estaba escéptico porque, tal como lo mencionó más tarde: «99,9 % de las veces que oigo de que alguien ha encontrado un ejemplar de *Action Comics #1*, termina siendo falso». Sin embargo, una investigación del mismo confirmó que este era definitivamente auténtico.

Action Comics #1 es el cómic más codiciado en el mundo. Solo existen 100 copias que sepamos. Aunque originalmente se vendió por 10 centavos, su valor es de casi 1 millón de dólares. La eufórica familia pudo salvar su hogar y disfrutar de seguridad financiera. Cuando se le preguntó acerca del hallazgo, Zurzolo dijo: «No podrías pedir un final más feliz. Superman los salvó».

Las bendiciones de Dios están continuamente en

erupción en momentos y lugares que nunca esperarías. Algunas bendiciones ocultas solo están esperando a que tú las descubras. Otras están en suspensión para cuando más las necesitas. Activa tu «radar de bendiciones». Está alerta. Siéntete animado. Las sorpresas felices de Dios están en todos lados.

La Biblia dice en Isaías 43.19: *«¡Voy a hacer algo nuevo! Ya está sucediendo, ¿no se dan cuenta? Estoy abriendo un camino en el desierto, y ríos en lugares desolados». (NVI)*

63 - Una cosecha de amigos

(agosto 2-8)

A principios de marzo, llevé a mi padre al hospital del Departamento de Veteranos en Huntington, West Virginia. Él es un veterano de la Armada de la Segunda Guerra Mundial, que había estado programado para un examen de colon simple. Un examen preliminar llevó al doctor a concluir que un crecimiento encontrado en el colon podría ser fácilmente removido sin cirugía. Regresamos al hospital unos cuantos días más tarde y recibimos una sorpresa alarmante.

El tumor había crecido demasiado y estaba en una posición tan extraña que se necesitaba una cirugía completa e invasiva. Mi padre tenía 89 años y una condición del corazón, pero decidió que la cirugía era necesaria; por lo tanto, pedimos oraciones de tanta gente como fuera posible y programamos el procedimiento.

Cuando se terminó la operación, el cirujano le dijo a mi madre y a mí que papá era increíblemente fuerte y que la cirugía fue un éxito total. Estábamos agradecidos de que Dios había respondido nuestras oraciones.

Una semana después de que papá regresó a casa a recuperarse, celebramos su cumpleaños número 90 el día 19 de marzo del 2017. Amy y yo ya habíamos enviado un saludo de cumpleaños a nuestra estación de televisión local, invitando a la gente a que le deseara feliz cumpleaños a mi padre. Esperábamos unas pocas llamadas y alguna que otra visita. Estábamos a punto de recibir otra sorpresa.

Después de asistir a la iglesia, Amy, Jonathan y yo llevamos un pastel a la casa de mis padres y encontramos a mamá y papá vestidos y listos para el día. En poco tiempo, la gente comenzó a venir para desearle a mi padre feliz cumpleaños y siguieron llegando durante todo el día. Lo que comenzó como un chorrito se convirtió en una inundación. Vecinos, amigos y parientes llegaron por horas hasta que el día se hizo tarde y luego noche y continuaban llegando. Aquellos que no pudieron asistir llamaron y había tantas llamadas que no todas pudieron ser atendidas. Fue una gran muestra de amistad. El alcalde de nuestra ciudad incluso vino al hogar de mi padre para darle la llave de la ciudad. Todos adoran a mi papá y mamá.

Mi padre pasó décadas haciendo amigos. Él y mi madre habían sembrado semillas de relaciones durante toda su vida y ahora estaban disfrutando de una gran cosecha. La Biblia dice en Romanos 12.10: «*Ámense los unos a los otros con amor fraternal, respetándose y honrándose mutuamente*». *(NVI)*

Si quieres tener amigos cuando los necesites, entonces sé su amigo cuando no.

64 - El mentor correcto

(agosto 9–15)

El mentor correcto puede cambiar todo.

El Dr. David Seamands fue el primer gran mentor que Dios me dio. Él era el pastor del campus para la Universidad Asbury en Kentucky. Cuando nos conocimos, él ya era una figura nacional en la consejería cristiana y estaba ayudando de forma privada a algunos de los líderes más influyentes en los Estados Unidos.

Yo era un estudiante en la universidad y pedí una cita con el Dr. Seamands con el deseo de aprender su forma de abordar la consejería bíblica. Me dio la bienvenida en su oficina y me introdujo a la guía de Dios.

Comenzó contándome una historia acerca de una joven que había venido a él buscando ayuda. Era una hermosa mujer que estaba planeando una carrera como tenista profesional. Se había lesionado el pie y le hicieron cirugía, pero la operación había sido mal hecha por un doctor ebrio. Ella ahora cojeaba y su carrera de tenis se había terminado. Estaba emocionalmente quebrantada.

Durante su visita de consejería, ella estaba enfurecida por lo injusto de su situación. El Dr. Seamands escuchó y luego le dijo a la joven que su única esperanza para obtener sanidad emocional era perdonar al doctor, aceptar su nueva realidad, confiar en Dios y avanzar. La mujer se sintió insultada, le dijo que no tenía razón y se fue fúrica.

Dos semanas más tarde, ella regresó y se disculpó por su comportamiento anterior. Dijo que Dios había tocado su corazón y le había dado paz. Admitió que primero había pensado que el Dr. Seamands era cruel e indiferente, pero gradualmente se había dado cuenta que la había ayudado al guiarla a enfrentar la verdad. Después se casó felizmente, tuvo hijos y se convirtió en una parte especial de su iglesia y su comunidad. No obstante, su victoria comenzó cuando ella decidió dejar de ser una víctima y hacer algo positivo acerca de su situación.

El Dr. Seamands terminó su historia, sonrió y me dijo que la historia ilustraba su enfoque a la consejería. Él creía que las personas solo podían ser libres cuando basaban sus vidas en la verdad. Por los siguientes próximos años, me enseñó cómo ayudar a la gente al mostrarle cómo aplicar la verdad bíblica.

Dios a menudo te da lo que necesitas, cuando lo necesitas, a través del mentor correcto. A veces tú no tienes la respuesta, pero alguien más la tiene.

Tal como dice en Proverbios 27.17: «*Hierro con hierro se aguza; y así el hombre aguza el rostro de su amigo*». *(RVR1960)*

65 - Una gran actitud

(agosto 9–15)

E nseña este principio a tus hijos.

Hace varios años mi esposa Amy y yo estábamos hablando en una conferencia en Inglaterra. Habíamos llegado cansados y con desfase de horario e inmediatamente tratamos de ir a dormir, pero después de dos horas, yo todavía estaba despierto.

Me vestí y caminé al vestíbulo del hotel, esperando que el ejercicio me ayudara a relajar. Era un poco después de la media noche y una pareja se estaba registrando en el mostrador de registro. Su enojo rápidamente me despertó.

La esposa estaba gritándole al gerente del mostrador y sacudiendo un puño en su cara. Él era cortés y tranquilo, pero la mujer continuaba con sus duros comentarios.

Cuidadosamente, me moví detrás de una silla. No tenía intención de involucrarme en su situación, pero como no podía irme fácilmente, esperé, observé y escuché.

La mujer estaba enojada debido a un error en su reservación de habitación. Ella quería hospedarse en el edificio principal del hotel, pero le habían dado una habitación en un edificio lateral que requeriría una caminata extra de cinco minutos.

El gerente explicó que el hotel estaba a su capacidad total y que ella y su esposo habían recibido el último cuarto. El esposo de la mujer observaba avergonzado mientras su mujer seguía quejándose. Finalmente, aceptó los arreglos de la habitación y se fue, pero aun haciendo comentarios en voz alta e insultantes acerca del hotel y del amable gerente que había tratado de ayudarles.

La siguiente noche, después de mi discurso, iba yo caminando por un pasillo trasero cuando vi a la esposa negativa y a su esposo. Estaban asistiendo a la conferencia donde yo acababa de hablar acerca de la importancia de una actitud positiva y un espíritu de amor cristiano hacia otras personas. La mujer no me vio, puesto que yo los seguía a la distancia. Ahora estaba quejándose acerca de todo lo que no le gustó de la conferencia. No había aprendido nada. No se daba cuenta de que estaba saboteando su propia vida.

Unos cuantos meses más tarde, yo estaba hablando en una convención gigante en Houston, Texas ante más de 20.000 personas. De nuevo, había llegado cansado y no podía dormir. De nuevo, caminé al vestíbulo del hotel y de nuevo vi a alguien que estaba intentando registrarse. Pero esta vez, todo fue diferente.

Al hombre que se estaba registrando le acababan de decir que su reservación se había perdido y no había habitación para él. En lugar de gritar y quejarse, gentilmente dio las gracias al agente del escritorio de registro y se fue.

Lo vi el siguiente día. Él también era un conferencista de la convención. Pensé que se había ido a otro hotel y le pregunté acerca de su noche. Sonrió y dijo que no había encontrado habitación y tuvo que dormir en su auto toda la noche. Luego dijo que había tenido una gran noche y estaba emocionado de ver cómo Dios bendeciría su día. Tenía una actitud asombrosamente positiva.

¿Ves la diferencia entre la mujer en Inglaterra y el hombre en Texas? La diferencia fue la actitud. ¿A qué tipo de persona te gustaría parecerte más? ¿Qué ejemplo quisieras que siguieran tus hijos? ¿A qué persona crees que Dios bendecirá? ¿Quién crees que tendrá una vida más feliz?

Para elegir la grandeza, necesitas elegir una gran actitud.

La Biblia dice en Salmos 118.24: *«Este es el día en que el Señor actuó; regocijémonos y alegrémonos en él». (NVI)*

66 - El uso del caos

(agosto 16-22)

En el 2007, el Dr. Robert Thatcher, un investigador de la Universidad del Sur de Florida, hizo un experimento con un grupo de prueba de niños pequeños. Sus resultados pueden impactar tu vida hoy.

El Dr. Thatcher quería ver si había una diferencia de comportamiento entre el estado de «caos mental» y lo que los científicos del cerebro llaman «cierre de fase».

Los investigadores habían notado que el cerebro humano sigue un patrón inusual de actividad neuronal frenética donde las neuronas se encienden con una imprevisibilidad caótica e intensa y luego de repente entran en un orden y simetría perfectos, llamada «cierre de fase». Los científicos no saben las causas por las que esto ocurre.

El escritor de *Ciencia Popular* Steven Johnson dice que para entender esto, «hay que imaginarse a una banda de jazz discordante, cada miembro siguiendo una pista y un compás diferente, que de repente entona en un vals a precisamente 120 ritmos por minuto».

Después de un estudio cuidadoso, el Dr. Thatcher descubrió que el periodo del «caos» generalmente duraba 55 milisegundos. Luego llegó la gran sorpresa. Thatcher descubrió que si la fase del «caos» se incrementaba ligeramente, algo dramático ocurriría. Por cada milisegundo adicional de turbulencia mental, ¡el cociente intelectual del niño incrementaba 20 puntos!

La pregunta es ¿cómo induces más caos neurológico en tu cerebro y así ojalá mejorar tu inteligencia? La respuesta es simple. Introduciendo más novedad y experiencias originales a tu vida. Permitiendo lo inesperado. Leyendo algo de lo que no sepas nada. Interactuando con nuevas personas. Aventurando más allá de tu zona de confort hacia nuevas fronteras. Ensanchando tu mente. Todo esto promueve la clase correcta de caos creativo en tu cerebro.

¿Estás listo para exceder tus límites? Prueba un poco de «caos controlado».

La Biblia dice en Isaías 54.2: «*Ensancha el sitio de tu tienda, y las cortinas de tus habitaciones sean extendidas; no seas escasa; alarga tus cuerdas y refuerza tus estacas*». *(RVR1960)*

67 - Da gracias a Dios por los Estados Unidos

(agosto 16-22)

El 21 de agosto del 1959, el presidente Dwight Eisenhower firmó formalmente el documento que convirtió a Hawaii en el quincuagésimo estado de los Estados Unidos.

La ceremonia se llevó a cabo en la Casa Blanca con un grupo selecto de invitados presentes. Incluido en esa lista estaba un joven que había perdido un brazo defendiendo a los Estados Unidos en la Segunda Guerra Mundial.

Daniel Inyoue había sido invitado porque era el primer representante congresional elegido del nuevo estado.

Cuando Daniel tenía 17 años y estaba cursando el último año de escuela secundaria *(high school)*, iba caminando a la iglesia un domingo en la mañana con su familia, cuando todos quedaron sorprendidos de ver aviones de combate japoneses en vuelo rasante sobre su posición. La insignia familiar del sol naciente alertó a la familia sobre la identidad de los aviones.

Pronto, los residentes de la isla se dieron cuenta de que estaban siendo atacados, y el joven Daniel fue llamado a la estación de la Cruz Roja local porque estaba entrenado en primeros auxilios. Fue hacia el edificio en su bicicleta y se quedó por cinco días, dando ayuda a los heridos.

Después del ataque, mientras la isla intentaba regresar a la normalidad, Daniel se graduó de la escuela y luego se inscribió en la universidad. En 1943, dejó la universidad e ingresó al Ejército de los Estados Unidos, sirviendo con el legendario 442° Equipo Regimental de Combate Nisei.

Muchos años después, mientras servía como Senador de los Estados Unidos para Hawaii, recordó el día en que le dijo a su padre que había dejado la universidad y se había enlistado en el ejército. Era un tiempo desesperado de peligro real y Daniel no estaba seguro cómo reaccionaría su padre. Recordó el momento en que su padre entendió la decisión de su hijo de arriesgar su vida en defensa de los Estados Unidos.

Daniel describió la reunión con su padre con estas palabras:

«Mi padre solo miró hacia delante y yo miré hacia delante, y luego él se aclaró la garganta y dijo: "Estados Unidos ha sido bueno con nosotros. Me ha dado dos empleos. Ha educado a ti y a tus hermanas y hermanos. Todos amamos este país. Lo que sea que hagas, no deshonres a tu país. Recuerda: Nunca deshonres a tu familia. Y si debes dar tu vida, hazlo con honor"».

»Él sabía exactamente lo que quería decir. Yo respondí: "Sí, señor, adiós"».

Daniel no perdió la vida, pero perdió un brazo y cuando regresó de la guerra, le dedicó su vida a un país por el que él creyó que valía la pena pelear y morir.

Me conmueven las palabras del padre de Daniel. Me inspira la gratitud que él expresó hacia los Estados Unidos cuando Hawaii no era todavía parte de la nación.

Dio gracias a los Estados Unidos por las oportunidades y bendiciones que le habían proporcionado y estuvo dispuesto a sacrificar a su hijo para honrar los principios sobre los cuales Estados Unidos fue establecido.

Dio las gracias a Estados Unidos porque merecía su agradecimiento. Y todavía lo sigue mereciendo.

Nunca sigas la moda popular de despreciar a los Estados Unidos. Todos tenemos libertades dadas por Dios porque Dios permitió nacer a los Estados Unidos.

Siempre recuerda que Estados Unidos no es solo un lugar, es un ideal, un sueño y una esperanza.

Siempre da gracias por ese sueño.

La Biblia dice en Salmos 33.12: «*Bienaventurada la nación cuyo Dios es Jehová*». *(RVR1960)*

68 - Elévalos

(agosto 23-29)

Charles triunfó enormemente en una industria de la que no sabía casi nada. A la edad de 35, era la cabeza de una de las corporaciones más grandes del mundo, aunque no tenía habilidades significativas relacionadas con lo que la compañía fabricaba. Tiene la reputación de haber sido el primer hombre en la historia a quien se le pagó un salario anual de un millón de dólares (como 30-40 millones del dinero de hoy).

Comenzó su vida relativamente pobre en el oeste de Pennsylvania y con el tiempo, amasó una fortuna de 800 millones de dólares (ajustada por la inflación) y vivía en una mansión de siete millones de dólares con 75 habitaciones en Central Park en la ciudad de New York. Veraneaba en su hogar de 44 habitaciones cerca de Pittsburg en 1.000 acres con extensos jardines y un campo de golf privado de 9 hoyos.

Su secreto del éxito simple podría sorprenderte.

Charles Schwab ciertamente trabajó duro. Se esforzó con gran entusiasmo como joven y rápidamente se abrió camino hacia una carrera de administración en la industria del acero. Continuamente estudiaba formas para mejorar cualquier cosa en la que se involucrara. Pero una sola cualidad lo distinguió. Era querido por todos los que lo conocían y cada persona que trabajó con él.

¿Cómo logró esto?

El gran don de Schwab era su habilidad de hacer que las personas creyeran en sí mismas. La gente que trabajó con Schwab dijo que continuamente los motivaba a través del aliento y el elogio. Un amigo dijo que él estaba «ansioso por halagar y detestaba encontrar culpas». Su estilo de gestión era simple: Elegir a la mejor persona que pudiera encontrar y luego «elogiarla» hasta que lograra una mejor ejecución. Nunca criticó a nadie—nunca. Los hombres le respondían con compromiso y esfuerzo porque querían estar a altura de la opinión que Schwab tenía de ellos.

Schwab reveló su filosofía de éxito cuando escribió: «No he encontrado todavía a un hombre ... que no hizo un mejor trabajo y que no se esforzó más bajo un espíritu de aprobación que bajo un espíritu de crítica».

Yo entiendo que a veces la gente necesita corrección y dirección, pero recuerda que la crítica dura y negativa es tóxica. Creo que Schwab tenía razón. La gente responde mejor al estímulo. Obtienes mejores resultados cuando los estimulas que cuando los desalientas.

La Biblia dice en 1 Tesalonicenses 5.11: «*Por eso, anímense y edifíquense unos a otros, tal como lo vienen haciendo*». *(NVI)*

69 - Desata las grandes posibilidades de tu hijo

(agosto 23-29)

Nuestra hija Allison es la Tesorera del Estado de Kentucky. Ella es la funcionaria estatal electa más joven en los Estados Unidos y recibió más votos que cualquier candidato de cualquier partido en una elección estatal en Kentucky por los pasados 40 años (más de 700.000 votos).

Allison antes era abogada de bancarrota y fiscal del condado y nunca se había postulado para el servicio público. Ahora ella es una estrella en ascenso en el estado.

Allison recientemente habló en un evento al que acudimos su madre, su hermano y yo. La audiencia estuvo tan impresionada por su habilidad de oratoria que se nos preguntó repetidamente cómo ella había aprendido a hablar y había logrado tanto tan rápidamente.

Nuestro hijo Jonathan está en su primer año de la facultad de derecho. Es un cinturón negro en taekwondo y fue un atleta estrella cuando era más joven. Cuando tenía 20 años, fungió como jefe de campaña para la campaña primaria exitosa de su hermana y continuó como subdirector en la campaña general ganadora. Él diseñó la página de internet y los materiales promocionales de la campaña y también desarrolló y diseñó el sitio de internet para ChooseGreatness.com.

Lo más importante de todo es que ambos tienen una relación dinámica y vívida con Jesucristo.

Nada de esto ha sido un accidente o una sorpresa ¿A qué se debe esto?

La respuesta es que nosotros hemos criado a nuestros hijos con propósito. Nuestra meta ha sido siempre desatar la grandeza que Dios plantó dentro de ambos.

Les leíamos historias de la Biblia y les enseñamos a orar desde el principio.

Los ayudamos a entrar en una relación con Cristo desde el momento más temprano posible.

Les presentamos diferentes personas y les enseñamos cómo tener conversaciones efectivas, para que se sintieran cómodos con cualquiera y nunca nerviosos con los extraños.

Comenzamos a llevarlos al escenario para hablar enfrente de miles de personas a los ocho años para que no sintieran temor de hablar en público.

Hicimos arreglos para que ambos ganaran su propio dinero cuando eran niños y siempre dieran su porción a Dios. Allison vendió lápices positivos a escuelas y organizaciones y Jonathan desarrolló varios negocios en línea. Son responsables en cuanto a sus financias, no tienen deudas y todavía dan el diezmo de su ingreso.

Son activos en la iglesia, hacen estudio bíblico diario y les hablan a sus amigos acerca de Cristo.

Comenzamos a sostener discusiones vigorosas con ellos acerca de las cuestiones actuales cuando tenían seis años de edad. Les enseñamos a investigar, pensar y debatir. Ahora son personas inteligentes con tendencias políticas conservadoras que creen en los principios que hicieron grandes a los Estados Unidos.

Pasamos muchísimo tiempo con nuestros hijos y siempre estuvimos involucrados en todo lo que a ellos les importaba. Cuidamos de escucharlos cuando querían hablar.

Los llevamos a múltiples viajes para que pudieran experimentar el mundo.

Les enseñamos a enfocarse no solamente en ellos. Continuamente les dijimos que Dios los puso aquí para servir y bendecir a otros, no como una extensión de su propio egoísmo.

Constantemente les comunicábamos que los amábamos y valorábamos. Resaltamos cada uno de sus verdaderos logros y utilizábamos cumpleaños y días festivos para crear momentos especiales para ellos.

Los entrenamos para evitar el tabaco, el alcohol y otras drogas para que nada se convirtiera en un «punto de entrada» para cualquier cosa que pudiera dañarlos físicamente o pudiera interferir con su testimonio acerca de Cristo.

Continuamente enfatizamos la prioridad de tener una familia cristiana feliz que se divirtieran juntos. Los alentamos a salir en citas con cristianos y pasar tiempo con la clase de individuos que los convirtieran en mejores personas.

Allison está ahora casada con Asa, un hombre cristiano excepcional de carácter excelente. Jonathan es un «imán para las chicas» sin intención, que ha decepcionado a numerosas jóvenes por su decisión de ir a la facultad de derecho. De manera constante, le pedimos a Dios que lo guíe hacia la mujer correcta para completar su vida.

Todo lo que Amy y yo hemos hecho como padres ha sido bañado de oración. Todo ha sido hecho CON PROPÓSITO.

La Biblia dice en Salmos 127.3: *«Los hijos son un regalo del Señor; los frutos del vientre son nuestra recompensa».* (RVC)

Tú tienes una oportunidad de ayudar a tus hijos a realizar sus asombrosas posibilidades, así como encontrar y cumplir el propósito emocionante que Dios tiene para ellos. No hay nada más grandioso.

¿Qué necesitas hacer hoy para desatar la grandeza de tus hijos y nietos? ¿Qué necesitas hacer con propósito?

70 - El milagroso plan económico de Dios

(agosto 30-septiembre 5)

Mi esposa y yo estábamos luchando financieramente cuando yo asistí a una conferencia sobre el dinero dada por un pastor bautista del sur.

Había sido invitado por un amigo y había llegado a la reunión con pocas expectativas y un deseo de irme temprano. La iglesia estaba llena y yo tomé uno de los asientos que quedaban en una esquina de la parte de atrás.

El conferencista, Jack Taylor, era enérgico e interesante. Empezó con una historia de sus propias batallas financieras y luego dijo que Dios le había enseñado un «plan económico milagroso» que deseaba compartir con nosotros.

Debido a mi propio estrés financiero, escuché atentamente mientras Taylor explicaba cómo él había aprendido el poder de dar el diezmo y de dar. Dijo que cuando él comenzó a dar, Dios milagrosamente intervino en sus finanzas. Sus deudas se desaparecieron y los recursos y oportunidades llegaron. Todo su mundo financiero cambió cuando él confió en Dios y dio.

Compré una copia del libro del reverendo Taylor y con prisa volví a casa para ver a Amy. Le dije acerca del mensaje y le pregunté si ella pensaba que esta quizá era la parte faltante en nuestra vida financiera. Oramos y juntos decidimos comenzar a dar a Dios el 10 % de nuestro pequeño ingreso y confiar en Él para que bendijera nuestro dinero.

Lo que pasó después fue otro milagro. Dentro de unos meses, nuestro diminuto ministerio recibió regalos inesperados de decenas de miles de dólares. A mí se me pidió asistir al Dr. Charles Stanley, uno de los pastores más influyentes en los Estados Unidos. Pudimos comprar nuestro primer hogar (otro milagro) y fui contactado por numerosas organizaciones e invitado para hablar a través del sureste de los Estados Unidos.

El plan de economía milagroso de Dios funcionó.

La Biblia dice en Malaquías 3.10: «*Traigan íntegro el diezmo para los fondos del templo.... Pruébenme en esto —dice el Señor Todopoderoso— y vean si no abro las compuertas del cielo y derramo sobre ustedes bendición hasta que sobreabunde*». (*NVI*)

Ese versículo fue el núcleo del mensaje que escuché esa noche y la promesa en la cual basamos nuestra decisión de dar.

Alexander Kerr había crecido en la pobreza en Pennsylvania y había hecho un compromiso a Cristo cuando era joven. Se mudó a Portland, Oregon donde tuvo cierto éxito. Cuando tenía 40 años, leyó un libro acerca del «plan económico milagroso» de Dios y decidió dar el diezmo de su ingreso. En 1902, compró una fábrica de vidrio en el centro de San Francisco y continuó dando.

En 1906, un fuego catastrófico destruyó San Francisco. A Kerr le avisaron que no había quedado prácticamente nada de la ciudad y que su fábrica había desaparecido. Debido a que él había invertido todo su dinero en el redesarrollo de su fábrica, le dijeron que estaba financieramente arruinado. Kerr les respondió a los hombres que le trajeron las noticias: «No puedo estar arruinado, porque si estoy arruinado, entonces Dios está arruinado, y Dios no puede estar arruinado».

Kerr y su personal viajaron apresuradamente a San Francisco a inspeccionar el daño. Cuando llegaron al sitio, varias cuadras estaban arrasadas. La cerca que rodeaba la fábrica era una masa de metal derretido, pero la fábrica, sus tanques de gas propano altamente inflamable y todo su contenido estaban intactos y sin daño alguno. Kerr reconoció que Dios había protegido su fábrica y juró continuar dando y confiar en Dios. En tres años, la compañía Kerr Glass and Jar era el tercer proveedor más grande de vidrio y frascos en el mundo.

Alexander H. Kerr tenía razón. Dios no estaba arruinado y tampoco él. Ese es el plan económico milagroso de Dios. Cuando confías en Dios y das, grandes cosas ocurren, cada vez.

71 - Una cara feliz

(agosto 30–septiembre 5)

Estaba hablando en una convención en un centro vacacional en French Lick, Indiana. Llegué temprano y me registré en un hermoso hotel antiguo de diseño victoriano (construido en 1845).

Debido a que esta era una conferencia de ventas, se me pidió que hablara acerca de cómo conocer y comunicarse con nuevas personas. Más de mil personas empleadas en ventas estaban asistiendo y los dueños de compañías estaban ansiosos por verme darles nuevas técnicas e ideas.

No estaba programado a hablar hasta tarde esa noche, por lo tanto, decidí hacer un recorrido del centro vacacional. Exploré jardines y caminé por senderos boscosos y silenciosos. Pasé la mayoría del tiempo pensando y orando acerca de mi presentación. Después de que había caminado por una hora, di vuelta en una esquina y encontré un grupo. Todos estaban usando gafetes que los identificaban como participantes en la conferencia. Sonreí y les pregunté sobre de su día. NADIE respondió. Parecían estar perturbados que yo había interrumpido su conversación. Sonreí de nuevo y continué mi camino.

A medida que transcurría la tarde, me encontré con varios otros grupos de personas con el mismo resultado. Nadie quería hablar conmigo. Una mujer incluso volteó la cabeza y me ignoró cuando le dije hola.

Esa noche, hablé del poder de la amabilidad en las ventas y en la vida. La audiencia estaba entusiasmada. Cuando terminé mi introducción, pedí que pusieran las luces más brillantes para que yo pudiera ver mejor a la audiencia. Después de que pusieron las luces, observé a la multitud hasta que localicé a varias personas que había visto en mi caminata. Luego, les recordé que los había conocido antes y que nadie me había devuelto una respuesta amigable. Les dije que no deseaba avergonzarlos, pero que si tomaban en serio el tema de éxito en las ventas, entonces tendrían que «encender su cara feliz». Lo hice humorístico y todos rieron y disfrutaron de la lección.

¿Qué me dices de ti? ¿Qué tan amigable eres? ¿Sonríes? ¿Tienes una cara feliz? Esto no es importante solo para la gente de ventas. Es una forma de atraer gente y hacer que te vean como una persona positiva. Eso puede lograr una diferencia inmediata la próxima vez que quieras mejorar una relación u obtener una promoción. Inténtalo.

Enciende tu cara feliz.

La Biblia dice en Proverbios 15.13: «*El corazón alegre se refleja en el rostro, el corazón dolido deprime el espíritu*». *(NVI)*

72 - Sal más seguido

(septiembre 6–12)

19⁵⁶ fue el año clave del éxito de Elvis Presley y el mes de marzo fue el que marcó un hito.

Elvis pasó de ser un cantante de rockabilly en ciernes que tocaba en locales pequeños y fiestas de condados al acto musical más sensacional en la historia del entretenimiento. El 1956, pasó de ser un desconocido a tener 17 canciones en la lista Billboard Hot 100 de los temas más exitosos, con tres que alcanzaron el puesto número uno: «Heartbreak Hotel», «Don't Be Cruel», y «Love Me Tender».

Además de su récord histórico en las listas de éxitos musicales, hizo 11 apariciones en televisión nacional, dos veces en el famoso programa *Ed Sullivan Show,* y protagonizó su primera película, *Love Me Tender,* que se estrenó en los cines en noviembre.

Jackie Gleason tenía 40 años en 1956, un experimentado artista en la cima de su éxito. Sus programas de televisión, *The Honeymooners* y después *The Jackie Gleason Show,* eran dos de los más populares programas. Gleason era visto y adorado por millones.

En el transcurso de 1956, Gleason notó el ascenso increíble de Elvis y decidió enviarle una carta personal. Esa carta se convirtió en un momento clave para el joven Presley.

En la carta, Gleason le escribió: «Elvis, vas a ser una gran estrella. Toma este consejo. No te ocultes. Camina por las calles, ve a restaurantes, pero no te ocultes. Porque si lo haces, vas a ser el tipo más solo en el mundo».

NUNCA olvides la importancia crítica de la gente en tu vida. No te aísles o dependas de los medios sociales para tu interacción humana. Elige sumergirte en las vidas de la gente real y de carne y hueso. Júntate con ellos, conócelos, preocúpate por ellos, ora por ellos.

Sal e involúcrate con el mundo. Haz amigos. Vas a nutrir tu alma y Dios puede usarte para hacer la diferencia donde verdaderamente cuente, en las vidas de otros.

Incluso te divertirás mucho más de lo que creías posible.

La Biblia dice en Proverbios 27.17: «*El hierro se afila con el hierro, y el hombre en el trato con el hombre*». *(NVI)*

73 - ¿Sabías...?

(septiembre 6–12)

Bruce y Jeanne Lubin eran curiosos. Querían saber los hechos acerca de muchos de los objetos cotidianos con los que la gente se encuentra.

La pareja de New Jersey especialmente quería averiguar la verdad acerca del ambiente de su hogar. Su curiosidad los llevó a buscar la verdad acerca de múltiples experiencias ordinarias. Esa búsqueda, con el tiempo, se convirtió en un libro, *Who Knew?*, publicado en el 2006.

Según su investigación:

Si almacenas los huevos al revés (el extremo pequeño hacia abajo) se mantendrán frescos más tiempo (lo mismo es verdad con el requesón).

Si ves líquido en un paquete de carne en la tienda de comestibles, significa que la carne ha sido congelada y luego descongelada, causando una ruptura en las células internas. Puede que no quieras comprarla.

Los huevos de color café y los huevos blancos son idénticos en contenido nutricional.

El sabor, la textura y el color de la langosta cocida en microondas es mucho mejor que el de la langosta hervida o al vapor.

La mejor forma de hacer panqueques ligeros y esponjosos es usar agua gaseosa en la mezcla en lugar de agua.

La baya más nutritiva es la fresa (incluso más que los arándanos y las frambuesas). Limpia la piel y la sangre y puede aliviar los síntomas del asma, gota, artritis y ayuda a mejorar el sistema cardiovascular.

Las cerezas tienen un alto contenido de magnesio, hierro y silicona, haciéndolas valiosas en reducir el riesgo de cáncer y enfermedades del corazón.

Las bananas ahora se exportan de Islandia, donde son cultivadas junto a las fumarolas volcánicas.

Usa tu talento de la curiosidad dado por Dios para encontrar los hechos. Edifica tu pensar sobre una sólida fundación. No creas algo solo porque una celebridad o «experto» dice que es verdad. Haz tu tarea. Completa tu investigación. La verdad es siempre mejor que el error.

Algunas personas sin escrúpulos incluso dan información falsa a propósito, para manipular a la gente que no piensa. Puedes protegerte al simplemente verificar los hechos.

Una vez me dijo un taxista de New York que había oído en un programa de televisión por cable que cierta figura política conservadora quería encarcelar a las mujeres que usaran anticonceptivos. Yo acababa de estar con esa figura política y sabía la verdad. Cuando corregí esa falsedad, el discutió conmigo, diciendo que alguien de la televisión lo había dicho, por lo tanto, debía de ser verdad.

¿Acaso no es ya hora de que ayudes a detener esto? ¿Acaso no es ya hora de que tú te conviertas en el experto?

Jesús incluso enfatizó la importancia de edificar tu vida en la verdad, cuando dijo en Juan 8:32: «*Sabrás la verdad y la verdad te hará libre*». *(NVI)*. Jesús se refiere aquí a la verdad acerca de su identidad como el Hijo de Dios y el Salvador, no solo cualquier verdad. Es un recordatorio de que la verdad es la fundación de una vida más grandiosa.

La Biblia dice en Filipenses 4.8: «*Por último ... consideren bien todo lo verdadero*». *(NVI)*

74 - El poder de una gran esposa

(septiembre 13-19)

Giuseppe Garibaldi era un hombre salvaje y romántico, con una gran pasión por la vida. No tenía experiencia en muchas cosas, pero era excepcional a la hora de pelear.

Según el historiador Robert Harvey, para cuando tenía 40 años, Garibaldi había sido capitán de marina mercante, un forajido, un líder rebelde bajo una sentencia de muerte y un soldado mercenario para dos diferentes países. Pero luego algo pasó. Estaba trabajando en un barco en el Mediterráneo cuando un grupo de líderes intelectuales italianos subieron a bordo como pasajeros.

Garibaldi quedó fascinado por sus argumentos en favor de la libertad humana y los conectó a su entendimiento de la fe cristiana. Se convirtió en un guerrero de la libertad y decidió lanzar una cruzada para unificar y liberar a su Italia natal.

Por los siguientes 30 años, peleó por la independencia de Italia. Cuando las guerras terminaron y fueron ganadas, fue elogiado como uno de los padres de la Italia moderna. Por un corto tiempo, hasta viajó a Uruguay en Sudamérica para ayudar a ese pequeño país a también ganar su libertad.

Garibaldi era un gran líder de batalla que también tuvo una gran esposa. Garibaldi amaba a Anita con aun más pasión y devoción de lo que amó a Italia. Ella fue su compañera constante, quien lo amó y apoyó en todo.

Una vez, cuando él estaba enfrentando la aniquilación a manos de un ejército austríaco, insistió en que Anita escapara a una pueblo protegido mientras él continuaba peleando. Anita estaba embarazada y enferma, pero se rehusó a dejar a su esposo. Garibaldi decidió que si ella no escapaba, él mismo la llevaría a un lugar seguro. Organizó un grupo de 13 pequeños botes y zarpó con su esposa hacia Venecia. Cuando estaban a punto de llegar a la costa, los botes fueron atacados. Garibaldi, con gran riesgo para sí mismo, cargó a Anita en sus brazos a través del furioso oleaje hasta un lugar seguro y se negó a separarse de su lado. Solo descansó cuando ella estaba segura.

Anita peleó junto a su esposo, creyó en su causa y lo cubrió de amor y afecto. Ella lo empoderó para hacer grandes cosas, porque era una gran esposa.

La Biblia da una descripción de una gran esposa en Proverbios 31. En este maravilloso capítulo, la esposa es mencionada como una gerente de negocios astuta e inteligente, una mujer que cría hijos exitosos, una persona que honra los principios de Dios, alguien que es generosa hacia otros y una mujer que es respetada por los líderes de la comunidad.

No obstante, la cosa más poderosa dicha acerca de ella está en los versículos 11 y 12: «*Su esposo confía plenamente en ella y no necesita de ganancias mal habidas. ELLA LE ES FUENTE DE BIEN, NO DE MAL, todos los días de su vida.*». (*NVI*)

Una esposa tiene el poder de edificar a su esposo o destruir su confianza. Ella puede convertirlo en héroe o empujarlo hacia las tinieblas. Puede proteger su corazón o aplastar su espíritu. Ella es una clave vital para el cumplimiento del propósito de Dios en la vida de su esposo.

Siempre alienta a tu esposo verbalmente. Nunca uses tus palabras para atacar y comunicar falta de respeto. Usa tus palabras para elevar y apoyar.

No critiques a tu esposo delante de cualquier otra persona, ESPECIALMENTE tus hijos.

Ora por tu esposo. Es el trabajo de Dios cambiarlo y guiarlo.

Hace algunos años, me tocó hablar en una conferencia de varios cientos de judíos jasídicos. Al cierre de mi plática, hice una referencia a mi amor y respeto por Amy, mi esposa. Terminé citando Proverbios 31.30. Acababa de empezar a recitar el verso cuando todos los hombres en la audiencia se pusieron de pie, miraron a su esposa y repitieron las mismas palabras que yo decía. Fue un momento asombroso y conmovedor de reconocimiento de la importancia de una gran mujer. El verso dice: «*Engañoso es el encanto y pasajera la belleza; la mujer que teme al Señor es digna de alabanza*». *(NVI)*

Esposos, den gracias a Dios todos los días por su esposa. Trátenla con amor y respeto. Ella es el regalo de Dios para ustedes.

75 - El poder del respeto ganado

(septiembre 13-19)

Hace poco, me invitaron a un evento excepcional en Washington, D.C.

Llegué al Hotel Renaissance a las 3:30 de la tarde y descubrí una falla con los arreglos de mi habitación. Tenía que vestirme para una recepción y banquete de corbata negra a las 5:30 p.m. y no tenía habitación.

Una importante lección que había aprendido desde temprano en mi carrera era mantener una gran actitud sin importar las circunstancias. Esta era una oportunidad de utilizar esa lección.

Tomé una caminata rápida a través del centro de Washington para despertarme. Había empezado a viajar a las 5:30 a.m. Cuando regresé al hotel, me comí tres galletas energéticas que Amy me había preparado usando una receta especial de alta energía para aumentar mi vigor; localicé un sanitario donde me puse el esmoquin mientras sonreía ante los hombres sorprendidos que iban y venían del baño.

Almacené mis maletas y llegué a la recepción VIP temprano. Había equipos de televisión colocándose y gente bien vestida estaba entrando al área.

Me mezclé con los invitados (la mayoría de ellos altos ejecutivos de compañías como Southwest Airlines y Amway) y saludé a unos cuantos individuos que había conocido previamente.

Nos sentaron para el banquete, y los anfitriones, una cantante que había empezado su carrera con el grupo de música popular Destiny's Child y un joven actor afroamericano bien conocido, nos dieron la bienvenida.

El enfoque de la reunión era ayudar a los niños de las

minorías, cuyos padres estaban frecuentemente ausentes o en prisión. Un coro fantástico compuesto de niños desfavorecidos dio un concierto breve de emocionante música cristiana, acompañados por Wintley Phipps, el dinámico fundador de la organización que trabajaba con los niños.

Tres líderes destacados fueron honrados con premios especiales y reconocimientos:

La Dra. France Anne Cordova, una astrofísica, expresidenta de la Universidad Purdue y la primera latina nombrada como directora de la Fundación Nacional de Ciencia.

El Dr. David Williams (originario de Aruba), profesor de Salud Pública en la Escuela de Salud Pública de Harvard y profesor de Estudios Afroamericanos y Sociología en la Universidad de Harvard. Tiene la reputación de ser el académico más citado en el mundo actualmente.

Wanda Durant, la madre de Tony, un empresario exitoso, y Kevin, una superestrella de la NBA y uno de los cinco mejores basquetbolistas en el mundo. Wanda crio a sus hijos como madre soltera y les enseñó a amar a Jesús, preocuparse por la gente y siempre trabajar en pos de la excelencia. Ella insistió en que no eran víctimas y podrían construir una gran vida si tenían la voluntad de luchar por ello. Ella nunca se quejó y no les permitió a sus hijos quejarse tampoco.

A medida que yo escaneaba a la multitud de varios cientos de personas, vi múltiples razas y ambos sexos. Vi a dueños de negocios extremadamente ricos y gente de clase media que probablemente sufrieron para pagar el dinero requerido para los boletos del evento, pero quienes vinieron porque creyeron en la causa de ayudar a los niños. Se veía muy parecido al Cielo.

Pero lo que más me impresionó fue el compromiso cristiano común en todos los presentes y el respeto mutuo mostrado a todos los asistentes. La raza no importaba. Había afroamericanos, blancos, hispanos y asiáticos. Todos estaban mezclados en un gran todo unificado.

Había también algo más. Todos estaban conectados por una determinación de tomar responsabilidad personal por sus vidas y éxito y enseñar esa actitud a los niños de la próxima generación. Nadie era víctima. Nadie demandaba sus «derechos»; todos estaban comprometidos a hacer una vida mejor y más grande para ellos mismos y todos los demás.

No estábamos divididos por la raza; estábamos unidos por la excelencia, para la gloria de Dios.

La Biblia dice en Filipenses 4.8: «*Consideren bien todo lo verdadero, todo lo respetable, todo lo justo, todo lo puro, todo lo amable, todo lo digno de admiración; en fin, todo lo que sea excelente o merezca elogio*». *(NVI)*

Unifiquémonos por los principios de grandeza de Dios y pasemos esos principios a la próxima generación. Estados Unidos necesita este ejemplo hoy más que nunca.

76 - No se trata de ti

(septiembre 20-26)

Dennis Kinlaw falleció recientemente. Él fue una gran influencia en mi vida.

El Dr. Kinlaw fue dos veces presidente de la Universidad Asbury, una de las universidades conservadoras cristianas más antiguas en los Estados Unidos. Obtuvo un doctorado de la Universidad Brandeis y fue profesor de idiomas del Antiguo Testamento antes de ser electo presidente de la Universidad Asbury en 1968. Una vez oí a un reconocido profesor de Harvard decir que el Dr. Kinlaw tenía «el intelecto más incisivo en los Estados Unidos».

El Dr. Kinlaw creía en el compromiso radical a Jesucristo y ejemplificaba ese compromiso todos los días. Se hizo una reputación legendaria en la educación cristiana por la profundidad y los entendimientos originales contenidos en sus libros y sermones. Era imposible no aprender algo nuevo e inesperado cada vez que él enseñaba. Siempre era fiel a la Biblia y constantemente presentaba información que cambiaba vidas.

Dr. Kanlaw también era conocido por su amabilidad y generoso espíritu cristiano. Amaba a Dios y a la gente.

Tuve mi primera experiencia con el Dr. Kinlaw una tarde cuando comenzaba mi término como estudiante de primer año en la universidad. Caminé alrededor de la esquina de un edificio y literalmente me tropecé con él. Sonrió y me preguntó mi nombre. Yo respondí nervioso y luego él me hizo preguntas acerca de mi vida y mis metas. Todavía recuerdo cómo se enfocó completamente en mí. Sentí que, por esos pocos minutos, yo era la persona más importante para él. Me escuchó con obvio respeto e interés. Parecía valorar todo lo que yo decía.

Cuando finalizó la breve conversación, él siguió por su camino, pero me dejó con un nuevo sentido del amor y compromiso de Dios en mi vida. En seis minutos, me comunicó la guía de Dios de una forma que nunca he olvidado. Pudo haberme hablado, no escucharme en realidad, e irse. En su lugar, él eligió conectarse con mi corazón y compartir el amor de Dios con un joven a quien nunca había conocido.

Una vez Visité al Dr. Kinlaw después de su retiro. Tenía 82 años y todavía era mentalmente brillante y activo en su búsqueda del propósito de Dios. Cuando me senté en su sala, lo primero que hizo fue enfocarse en mí completamente y preguntarme qué estaba haciendo Dios en mi vida. Escuchó con mucha atención. Me sentí especial. Fue la misma experiencia que tuve a los 17 años como estudiante de primer año en la universidad.

El Dr. Kinlaw nunca se concentraba en sí mismo; siempre se enfocaba en quienquiera que estuviera con él, porque valoraba, consideraba y respetaba a cada persona. Su única misión era ayudar a otros a experimentar lo mejor de Dios para ellos.

Fue un canal de bendiciones y debido a eso, vivió una vida felizmente bendecida. Así es como funciona.

¿Quieres una vida más grande y más feliz? Intenta entregarte a otros. Piensa en otros y no en ti mismo. Te asombrará cuánto mejor puede ser la vida.

La Biblia dice en Lucas 6.38: «*Den y se les dará: se les echará en el regazo una medida llena, apretada y desbordante. Porque con la medida que midan a otros, se les medirá a ustedes*». *(NVI)*

77 - Un impulso para tu cerebro

(septiembre 20-26)

El Dr. Corneliu Guirgea nació en Rumania en 1923 y con el tiempo, se convirtió en profesor de neuropsicología en una facultad médica de Bucarest. Era un destacado erudito que obtuvo tanto un título en medicina y un doctorado.

Se mudó a Bélgica en 1963, donde se convirtió en el titular del Departamento de Neurofarmacología para la Compañía USB.

En Bélgica, el Dr. Guirgea comenzó a investigar formas para tranquilizar químicamente a una persona e inducirla a un sueño reparador. Descubrió una sustancia que él llamó «piracetam»; él pensó que causaría sueño, pero cuando se hicieron las pruebas, tuvo el resultado opuesto. Los sujetos de prueba, en lugar de quedarse dormidos, se sentían estimulados a actividad cerebral más intensa.

Al principio, los experimentos parecían un fracaso, pero cuando examinó los resultados, el Dr. Guirgea tuvo una idea. Debido a que el químico estimulaba el cerebro, decidió investigar lo que ese estímulo podría producir.

Para su sorpresa, descubrió que el químico no solo incrementaba la actividad del cerebro, sino que hacía crecer las células nerviosas en el cerebro. En 1972, el Dr. Guirgea introdujo estas drogas al mundo como «nootrópicos».

De acuerdo a la investigación del Dr. Guirgea, los nootrópicos tienen dos efectos importantes:

Activan e integran la actividad cerebral y tienen una «acción positiva en la mente» misma.

Tienen un efecto restaurador que hace que la actividad cerebral superior «funcione mejor».

Después de años de investigación adicional, el Dr.

Guirgea hizo otro descubrimiento que puede mejorar tu actividad cerebral y causar nuevo crecimiento neurológico. Encontró «nootropenes» naturales en cosas comunes y corrientes. Declaró que estas tres simples sustancias nutritivas podrían optimizar tu actividad cerebral personal. Esas tres cosas son:

El té verde

Los aceites omega-3

Las nueces

No soy doctor o nutriólogo y no te estoy dando consejo médico, pero esta investigación me resulta fascinante. Haz tu propia investigación. Habla con tu doctor. Toma tu propia decisión. Solo deseo compartir contigo esta información que posiblemente podría ayudar a mejorar tu vida.

Creo que Dios ha puesto en la naturaleza todo lo que necesitamos para una vida saludable y productiva. Encuentra lo que necesitas y úsalo.

La Biblia dice en Santiago 1.17: «*Toda buena dádiva y todo don perfecto descienden de lo alto, donde está el Padre que creó las lumbreras celestes...*». *(NVI)*

78 - Elige el honor

(septiembre 27–agosto 3)

El capitán Lockyer de la Marina Real británica había anclado su buque de guerra cerca de la costa de una isla inexplorada cerca de la orilla del delta del río Mississippi. Era septiembre de 1815 y la Guerra de 1812 estaba bramando entre los británicos y la joven república estadounidense. El capitán Lockyer estaba nervioso porque estaba a punto de conocer al hombre más peligroso del sur de los Estados Unidos y hacerle una oferta.

Jean Lafitte era un pirata que comandaba un pequeño ejército de hombres desesperados y determinados. Cincuenta de sus hombres eran conocidos como algunos de los mejores artilleros en el país. La pequeña isla era su hogar y cuartel general oculto. Se había hecho un arreglo especial para permitirle al capitán británico tener acceso a la isla.

Lockyer fue escoltado por un hombre alto, atlético y de piel oscura, quien había aparecido y ofrecido llevarlos a él y a sus hombres al pirata rey. Al llegar a una plantación imponente, su guía reveló que él era Lafitte y les preguntó por qué habían venido.

Lockyer respondió que estaba allí para pedirles a Lafitte y a sus hombres que se unieran a los británicos para vencer al general Andrew Jackson y su ejército, que estaban protegiendo la ciudad de New Orleans. La estrategia británica era tomar la ciudad para que pudieran controlar el río Mississippi y cortar la nueva nación por la mitad. Así podrían invadir y conquistar ambas mitades y ganar la guerra. Algunos historiadores piensan que quizá también hayan estado planeando eliminar a los Estados Unidos completamente como nación. Las tropas británicas ya habían capturado la capital, Washington, D.C. y quemado lo que más tarde sería conocida como la Casa Blanca, causando que el presidente y su familia huyeran para salvar sus vidas. Solo el general Jackson y su inexperto y cansado ejército estaban parados en su camino.

El capitán británico confiaba que Lafitte traicionaría a su país y le ayudaría a ejecutar su plan. Lockyer le ofreció a Lafitte un rango de capitán en la Marina Real, dos millones de dólares en oro, varios miles de acres de la mejor tierra (después de que ganaran) y le garantizó que liberarían al amado hermano de Lafitte del calabozo en New Orleans, donde esperaba su ejecución en la horca.

A cambio de todo esto, el capitán le pidió a Lafitte que guiara a la marina y a sus transportes de tropas a través de los pantanos traicioneros y confusos a la entrada del río, y que luego se uniera a los soldados británicos en un asalto total y sorpresa contra el desprevenido ejército estadounidense. Lockyer no vio razón de que Lafitte se rehusara; después de todo, era un pirata.

Lafitte le dijo a Lockyer que lo contactaría en dos semanas y haría arreglos para la traición. Lockyer, pensando que había triunfado en su misión, abandonó la isla.

Después de que el barco de guerra británico se había ido, Lafitte reunió a sus líderes más importantes y les dijo que él no traicionaría a su país. En su lugar, iba a viajar a New Orleans para advertir al general Jackson y ofrecerse como voluntario para pelear con el atrincherado ejército estadounidense. Les dijo a sus comandantes piratas que ellos podrían decidir lo que quisieran, pero él había elegido el honor. Cada hombre se levantó y se ofreció como voluntario para unirse a Lafitte y ayudar a salvar a la joven república.

En la siguiente batalla, Lafitte y sus hombres pelearon con coraje y gran destreza. Jackson, su ejército y el rey pirata y sus seguidores habían salvado al país.

¿Por qué Lafitte rechazó un cargo oficial de la Marina Real, una fortuna en oro, terrenos valiosos y el rescate de su hermano? ¿Qué lo cambió de pirata a patriota?

La Dra. Jane deGrummand de la Universidad Estatal de Louisiana llevó a cabo años de estudios sobre la vida de Jean Lafitte y concluyó que había una sola razón para su sorpresiva decisión. Él verdaderamente amaba los ideales de los fundadores de los Estados Unidos. Realmente creía en los principios estadounidenses de confiar en Dios, la libertad, las oportunidades, la familia, la honestidad y la responsabilidad personal. Era un pirata que eligió ser un hombre de honor en un momento importante. Sacrificó todo para honrar las creencias que son la fundación de la grandeza estadounidense.

¿Y tú qué decidirás? ¿Honrarás a un país que es un faro brillante de la libertad, los principios de Dios y el valor precioso de cada vida humana? ¿Lucharás por proteger a un país que fue fundado por hombres que reconocieron que estamos «dotados por nuestro Creador con derechos inalienables a la vida, la libertad y la búsqueda de la felicidad»? ¿Elegirás el honor en un momento en la historia cuando este importe nuevamente?

Estados Unidos es más que una masa de tierra o población de individuos. Es una idea, un sueño, y una esperanza. Honra sus ideales. Mantén vivo el sueño americano.

Siempre tienes la opción de ser un pirata que toma cada decisión para su progreso egoísta o un patriota que entiende que vale la pena pelear por estos Estados Unidos.

Lafitte despareció después de la batalla de New Orleans y reapareció 20 años más tarde en St. Louis. Había desarrollado una relación dinámica con Jesucristo y pasó el resto de su vida como un pastor evangélico. No solo honró los principios de su país, sino que también aprendió a honrar a Dios, quien fue la fuente de todos esos principios.

La Biblia dice en Salmos 33.12: «*Bienaventurada la nación cuyo Dios es el Señor...*». *(RVR1960)*

79 - El poder de una gran determinación

(septiembre 27–agosto 3)

La marmota de vientre amarillo es un animal gracioso y adorable, estrechamente relacionado a la marmota canadiense. Habita las áreas silvestres de las montañas occidentales de los Estados Unidos y Canadá. Típicamente vive y prospera en alturas por encima de 6.500 pies (1.980 m s.n.m). A veces se la denomina ardilla terrestre. Por lo general, evita a la gente, pero una cosa cambiará todo.

El escritor de la naturaleza, Dan White, en su libro *Under the Stars* (Bajo las estrellas), describe una experiencia que él, su esposa e hija tuvieron mientras acampaban en Cold Springs Campground en las altas elevaciones del parque nacional Sequoia y Kings Canyon en California. Llegaron al sitio e inmediatamente notaron que los campistas que ya estaban allí estaban observando las rocas alrededor de las altas orillas del campamento con preocupación y expresiones nerviosas. Todos parecían estar nerviosos. White esperaba ver un puma u otro depredador peligroso, pero no vio nada. De repente, uno de los campistas gritó: «¡Aquí vienen!» y la gente corrió rápidamente hacia sus vehículos.

White y su familia quedaron asombrados al ver a docenas de adultos corriendo de pequeñas marmotas peludas de vientre amarillo.

Estos animales generalmente son apacibles y divertidos, pero cuando huelen el anticongelante de los autos, se vuelven locos. Harán lo que sea por beber ese veneno líquido. Tres onzas de anticongelante matarán a un perro grande, pero no tienen efecto en las marmotas. Arrancarán las mangueras, protecciones de metal, se abrirán camino a través de multitudes de humanos enojados y simplemente harán lo que sea para beber el anticongelante. Una marmota determinada corrió debajo de un auto mientras el vehículo trataba de escapar, se trepó a un cable y se aferró a él por 200 millas solo para tener la oportunidad de tomar el anticongelante.

En un esfuerzo por detener los ataques peludos, un guardabosque de parque llenó un inyector especial con una mezcla que fácilmente pondría a dormir a un oso de 400 libras (181 kg), le disparó a una de las marmotas y observó cómo la criatura se fue tranquilamente. Nada detiene a estos graciosos animales cuando quieren el anticongelante.

Dan White le preguntó al Dr. Daniel Blumstein, profesor y director del Departamento de Ecología en UCLA, cómo las marmotas podían beber el veneno mortal y no ser dañadas. El Dr. Blumstein respondió: «No tengo idea».

Parece que nada puede detener a una marmota determinada a beber su cuota del mortal anticongelante.

Hay una simple lección aquí. ¿Por cuál meta estás dispuesto a pelear furiosamente para conseguirla? ¿Qué sueño o propósito puede transformarte en un guerrero ganador que no se detendrá ante nada para cumplir su misión?

El poder de una gran determinación puede ayudarte a ser un mejor esposo que protege y ama a su esposa.

El poder de una gran determinación puede ayudarte a ser una esposa que cuida el corazón de su esposo y lo apoya para lograr la grandeza.

El poder de una gran determinación puede ayudarte a reparar tus finanzas, salir de deudas y comenzar a seguir el camino de la responsabilidad y libertad financiera.

El poder de una gran determinación puede ayudarte a resistir la presión de amigos negativos que traten de alejarte de los principios de Dios.

El poder de una gran determinación puede ayudarte a construir un negocio.

El poder de una gran determinación puede ayudarte a cumplir el propósito de Dios en tu vida.

El poder de una gran determinación puede cambiar todo.

Pide a Dios que te dé un gran sueño y la gran determinación para lograrlo.

¿Cuál es tu «anticongelante»?

La Biblia dice en Colosenses 3.23: *«Hagan lo que hagan, trabajen de buena gana, como para el Señor y no como para nadie en este mundo». (NVI)*

80 - El poder de una gran familia

(octubre 4-10)

Recientemente asistí a una reunión familiar llena de parientes del lado materno de mi familia. Había cuatro generaciones presentes, representando a dos clanes del este de Kentucky, los Derossett y los Lafferty, y las varias otras familias con las que se habían casado.

Mi madre Christine y su hermano Tom, quienes fueron los invitados de honor, son los últimos de su generación. Fueron seguidos por los nietos originales, en orden: Jerry, Ron (yo), Tommy, Connie, Debbie y Pat. La siguiente generación que asistió consistía en Jonathan, Thomas, Todd, Tristan, Whitney y Lauren. Ellos fueron seguidos por cuatro nietos (tres niñas y un niño) y dos perros. Esto no incluyó a múltiples esposos, esposas y parientes políticos.

Nos reunimos en el hogar de mi primo Pat y todos llevaron una comida especial. Mi prima Debbie, quien vive en una cabaña en una granja con su esposo y diez gatos, llevó una salsa de chile casera que cocinó por seis horas. Mi esposa Amy llevó pastel de cereza «hecho a mano» con cerezas frescas recién recogidas (haciendo honor a la verdad, las compró de un granjero amish local). Mi tía Jean (la esposa de Tom) hizo una increíble ensalada de frutas de verano y mi primo Pat se levantó antes de ir a la iglesia para cocinar elotes frescos. Whitney, la hija de mi prima Connie, hizo un pastel relleno de chocolate, crema batida, caramelo, caramelo duro y galletas desmenuzadas. Todos tomaron un pedazo.

Comimos, nos reímos y nos socializamos por horas. Compartimos historias de los hermanos de Christine y Tom, (mis tíos) Jerry, James y Adrian; de los abuelos Lafferty y cosas locas que los primeros nietos habían hecho (mi grupo). Alguien incluso recordó la noche en que decidí convertirme en un cañón humano y disparé fuegos artificiales con mi mano hasta que uno explotó, dejándome cubierto de pólvora y quemaduras leves. Alguien recordó que la primera cosa que yo quería hacer cuando me recuperé de la conmoción era hacerlo otra vez. Tenía diez años.

Antes que todos se fueran, celebramos el cumpleaños de mi tía Stella (la madre de Jerry y Pat) y nos fuimos a casa inundados de gozo por haber estado con las personas que amamos.

Estos familiares son especiales para mí porque:

1. Compartimos una historia en común.
2. Crecimos juntos desde la infancia.
3. Nos conocemos y entendemos unos a otros sin palabras.
4. Todos estamos conectados a la misma gente originaria.
5. Sabemos las mismas historias.
6. Nos importa lo que le sucede a cada uno de nosotros.
7. Oramos unos por otros.

Entiendo que algunos de ustedes tienen familias difíciles y crecieron en circunstancias complicadas. Puede que sufras con varias relaciones dentro de tu entorno familiar privado. Pero si hay una forma de mantener esas relaciones vivas y saludables, puedes cosechar una gran recompensa. Pide a Dios que repare el daño y renueve esas relaciones.

Familia tienes una sola. Haz todo lo que puedas, con la ayuda de Dios, para hacer grandiosa a tu familia.

Permíteme unas sugerencias:

1. Ora por tus familiares.
2. Da grandes dosis de perdón a todos los que necesiten el perdón.
3. Ponte en contacto con familiares que se han alejado y reconéctate.
4. Pide a Dios que sane los dolores del pasado.

5. Revive tus historias familiares entre todos y vuelve a contarle esas historias a la próxima generación.

6. Refresca tu sentido del humor y no te tomes las cosas con demasiada seriedad (o de manera demasiada personal).

7. Encuentra tantas cosas como puedas acerca de tus familiares por las cuales estés agradecido, y encuentra tiempo para recordarles lo importantes que son para ti.

8. Tal vez hasta quieras tener una reunión familiar.

La Biblia dice en Salmos 68.6: «*Dios da un hogar a los desamparados...*». *(NVI)*

Dios te bendiga a ti y a tu familia.

81 - Quédate tranquilo

(octubre 4-10)

Tenemos una amiga que es generosa, amable y solidaria. Ella es todo lo que querrías que fuera un amigo. Ella siempre viene cuando la necesitamos, pero recientemente, ella nos necesitó a nosotros.

Estaba ayudando a Amy a limpiar después de la cena cuando nuestro hijo, Jonathan, entró a la cocina y dijo que nuestra amiga había sufrido un accidente automovilístico.

Jonathan y yo viajamos con prisa a la ubicación del siniestro y vimos dos autos accidentados, dos móviles de la policía y mucha gente parada en la calle delante de un restaurante Wendy's.

Estacionamos y encontramos a nuestra amiga llorando. Determiné que nadie parecía estar herido y luego me llevé a mi amiga a un lado. Ella explicó lo que había pasado y luego me sorprendió al decirme que nunca había estado en un accidente. Había vivido más de 50 años y jamás había tenido un accidente. Su inexperiencia la dejó temblando. No sabía qué esperar. Su inexperiencia le generó temor.

Jonathan y yo la confortamos y la tranquilizamos. Le pedimos a Dios que le diera paz. Cuando ella aún parecía sentir incertidumbre acerca de las posibles repercusiones de su accidente, le relaté mi propio historial de accidentes. Le conté que había atropellado a cuatro venados y estado involucrado en al menos varios otros accidentes (algunos fueron mi culpa) y había sobrevivido a todos felizmente. Agregué que su choque era menor y pronto sería olvidado. Ella tenía seguro, un auto que podría ser reparado, no tenía lesiones (y la otra gente tampoco) y contaba con un Padre Celestial amoroso comprometido con su bienestar. No tenía nada de qué preocuparse.

Una vez vi un óleo dramático en un museo. Un grupo de granjeros duros y robustos estaban de pie en un porche observando atentamente una tormenta oscura y amenazante en la distancia. La tormenta se movía hacia ellos con la amenaza de tornados. Las esposas de los hombres estaban observando a los hombres para medir su reacción al peligro. En los rostros de los hombres no había miedo, solo determinación. Estaban tranquilos. Ya habían sobrevivido demasiadas tormentas como para entrar en pánico en ese momento.

Quédate tranquilo cuando enfrentes una tormenta violenta. Recuerda que tú y otros han logrado salir avante muchas veces. Todavía estás de pie. Dios nunca te ha abandonado.

Los estudios sobre la gente que sobrevive situaciones peligrosas en la naturaleza muestran que lo hacen porque no entran en pánico. Se mantienen tranquilos y navegan a través de la tormenta. Piensan claramente. Llegan a casa.

Cuando una situación te ataca, recuerda todas las veces que has salido adelante. Mantén una actitud optimista, positiva y motivada por la fe.

Quédate tranquilo, toma un respiro, confía en Dios y avanza. No estás vencido. Dios conoce el camino.

La Biblia dice en 2 Crónicas 20.17: «... *paraos, estad quietos, y ved la salvación de Jehová con vosotros*». *(RVR1960)*

82 - La solución al temor

(octubre 11-17)

Cuando yo era niño, tenía miedo a las serpientes, a los zombis y a las clases de aritmética.

A medida que iba creciendo, superé mi miedo a las serpientes obligándome a mí mismo a tocar serpientes pequeñas e inocuas. Perdí mi miedo a los zombis cuando me di cuenta de que no eran reales y pude pasar por las clases de matemáticas en la escuela y elegí una licenciatura en la universidad que no tuviera el requerimiento de las matemáticas.

El temor es un fuerte obstáculo que le previene a mucha gente desarrollar su potencial otorgado por Dios. El miedo roba la energía, crea duda, destruye la confianza, detiene las relaciones e interfiere con encontrar y llevar a cabo el propósito de Dios en tu vida.

El temor es una nube en tu mente y una sombra en tu corazón. El temor hace que tu imaginación invente las peores posibilidades.

El temor ha sido definido como falsas expectativas enmarcadas en una ilusión.

Hace poco, recibí un mensaje de un oficial de la ciudad donde vivo. El mensaje era urgente y de inmediato sentí una puñalada de temor. ¿Estaba en problemas? ¿Había algún desafío financiero? Mi mente comenzó a girar en una pista de miedo hasta que me recordé que Dios había prometido cuidarme. Llamé al oficial, quien me informó que se había detectado una pequeña fuga de agua en mi hogar. Era menor, fácil de reparar y no me costaría nada. Fue un ejemplo de FALSAS EXPECTATIVAS QUE PARECÍAN REALES.

La siguiente es una lista de fobias reales (miedos irracionales).

Automatonofobia: El miedo a los robots.

Nefofobia: El miedo a las nubes.

Xantofobia: El temor a las cosas amarillas.

Sinafifobia: El miedo a la mostaza.

Cateterfobia: El miedo a los globos.

Bambacofobia: El temor a las bolas de algodón

Es obvio que estas fobias/miedos son tontos. No hay ningún peligro en las nubes, la mostaza o las bolas de algodón, pero estos miedos paralizan a ciertas personas.

¿Es posible que tú tengas algunos temores tontos e infundados que no te permiten avanzar en tu vida?

Quizás tengas trabajofobia. Tienes miedo de trabajar duro.

Quizás tengas responsabilifobia. Tienes miedo a la responsabilidad.

Quizás tengas éxitofobia: Tienes miedo al éxito.

Quizás tengas amorfobia: Tienes miedo de amar a las personas.

Quizás hasta tengas Diosfobia. Tienes miedo a Dios.

En más de 300 ocasiones en la Biblia, Dios dice: «NO TEMAS». Dios es la cura para el temor.

El miedo falso es tu enemigo. El miedo falso es un truco que no te permite tener una vida mejor, más feliz y más grandiosa.

Prueba esto:

1. Haz una lista de los temores principales que te estén deteniendo.

2. Ataca un miedo por semana. Confronta el miedo con un plan para enfrentarlo y superarlo.
3. Habla del miedo con alguien que te aliente y estimule.
4. Pide a Dios la fuerza para superarlo.
5. Sigue tu plan para vencer el miedo.
6. ¡Disfruta de tu nueva libertad!

La Biblia dice en Josué 1.9: «¡*Sé fuerte y valiente! ¡No tengas miedo ni te desanimes! porque el Señor tu Dios te acompañará dondequiera que vayas*». (*NVI*)

83 - Ábrete paso

(octubre 11-17)

Big Ed Johnson fue un gobernador de tres términos y senador estadounidense de tres periodos de Colorado.

Durante su tercer término como gobernador, le pidió al gobierno federal que terminaran la carretera Interestatal 70 que cruza Colorado. Le dijeron que el trabajo era imposible. La interestatal terminaba en Denver porque las Montañas Rocosas eran demasiado altas para la construcción de una carretera mayor.

Johnson se negó a darse por vencido. Les pidió a los oficiales del gobierno que le dijeran cuál era el obstáculo más serio del proyecto y se le informó que el paso de montaña en Loveland era intransitable. Una montaña, con más de 12.000 pies (3,65 km) de altura, estaba en el camino.

Johnson secretamente ordenó a los ingenieros de su estado que viajaran al paso de Loveland e hicieran algo que nadie pensaría que podía hacerse. Les dijo que buscaran una forma de cavar un túnel a través de la montaña con explosivos. Les dijo que el fracaso no era una opción.

En 1956, los ingenieros tuvieron éxito. Perforaron un hoyo gigante a través de la montaña y el camino quedó despejado para la carretera.

Entonces, Johnson contactó al departamento interestatal federal y nuevamente les pidió que construyeran la carretera. Cuando nuevamente se negaron, les dijo que él ya había abierto una brecha a través de la barrera. Ya no había una razón para no construir la carretera interestatal.

Los ingenieros federales estaban asombrados. Rápidamente, se pusieron de acuerdo y pronto Colorado tuvo su interestatal terminada.

Esta es la ingeniosidad y la determinación estadounidense que construyó este país. Esta es la actitud de libre empresa en funcionamiento. Aunque el gobierno estuvo involucrado, fue el liderazgo valiente de un hombre lo que marcó la diferencia.

¿Qué puedes hacer para proteger tu libertad y ayudar a renovar la nación estadounidense que está basada en la libertad?

Puedes empezar adoptando una posición clara e inteligente en favor de la libre empresa y la oportunidad personal.

Winston Churchill escribió: «Si no vas a pelear cuando puedes ganar fácilmente, puede que llegue el momento cuando tengas que pelear con todas las posibilidades en tu contra y solo una probabilidad precaria de sobrevivencia».

Aquí hay otra lección.

A veces necesitas «abrirte paso» a través de tus barreras y avanzar hacia tus metas. El sueño americano comenzó como un «sueño imposible». La nueva república contaba con la oposición de la potencia militar y económica más grande del planeta. Estaba desorganizada y dividida. Sin embargo, los revolucionarios de la libertad ganaron y un nuevo nacimiento de libertad entró en el mundo.

Enfréntate a las fuerzas que amenazan tu libertad. Sé un revolucionario de la libertad. Persigue tus sueños. Vive el espíritu estadounidense. Ábrete paso a través de tus obstáculos y gana.

La Biblia dice en Efesios 6.10: *«Por último, fortalézcanse con el gran poder del Señor». (NVI)*

84 - El poder de la persistencia

(octubre 18–24)

Maurice Flitcroft era un operador de grúa de astillero en Inglaterra con un sueño poco común. Él deseaba jugar golf profesional. Pero había un problema. Él no solamente no podía jugar golf, sino que carecía de cualquier capacidad atlética.

En 1976, Flitcroft, con 46 años, compró medio juego de palos de golf a través del correo. Luego viajó a la sede de un importante torneo británico, se presentó como un profesional, pagó una cuota y entró al torneo. El jugador de golf más famoso del mundo, Jack Nicklaus, también estaba participando.

En la ronda de clasificación, Maurice jugó horrorosamente. Un observador luego comentaría que Flitcroft lanzó una «ráfaga» de golpes que eran tan malos que terminó con el peor puntaje en los 141 años de historia del torneo.

Los escritores locales de deportes notaron el juego atroz e hicieron fila para entrevistar a Flitcroft. Generó tanta atención que Nicklaus y otros golfistas famosos fueron casi olvidados completamente.

Cuando los oficiales del torneo se dieron cuenta de lo que estaba pasando, le ordenaron a Flitcroft que abandonara el campo y le prohibieron entrar de por vida.

En 1978, participó en otro torneo británico importante bajo un nombre diferente y jugó varios hoyos hasta que fue descubierto y expulsado del campo.

Lo intentó de nuevo en 1983. Esta ocasión, se tiñó el cabello y usó un bigote falso, volvió a cambiar su nombre y accedió a un tercer torneo. Había jugado 9 hoyos cuando los oficiales tuvieron sospechas, lo confrontaron y lo acusaron de ser otro «Maurice Flitcroft». Se sorprendieron cuando él les dijo que él no era otro «Maurice Flitcroft», sino que, de hecho, era el verdadero Maurice Flitcroft. Nuevamente fue expulsado del campo.

En 1990, a los 61 años, accedió a su cuarto torneo y estaba en el tercer hoyo cuando fue descubierto otra vez y expulsado del campo.

Este fue su último torneo. Durante todos sus intentos por jugar golf profesional, siempre fue cortés, pagó todas las cuotas y mostró gran respeto por el deporte. Más tarde dijo en una entrevista, cuando se le preguntó acerca de la respuesta que había recibido de parte del establecimiento oficial de golf: «Yo nunca me propuse menospreciarlos. El golf es solo un juego e hice mi mejor esfuerzo. ¿Qué razón tenían para ponerse tan irritables?».

Los intentos persistentes de Flitcroft por jugar en el Abierto Británico lo convirtieron en una figura popular, especialmente en los Estados Unidos, donde fue admirado por su amor por el deporte y su determinación de ser parte de una competencia.

Un club de golf de New York nombró un trofeo en honor a su nombre y un club de golf en Michigan nombró el torneo en su honor (había un *green* de golf con dos hoyos en vez de uno, para darle una oportunidad a los malos jugadores).

En 1988, el club les pagó un viaje a Flitcroft y su esposa desde Inglaterra para que él pudiera ser un competidor honorario en el evento. Fue uno de los días más grandiosos de su vida.

Cuando Dios se llevó al líder israelita Moisés al cielo, Él acreditó a su asistente Josué para que tomara el mando. Dios le dijo a Josué que dirigiera la nación y que fuera «persistente» en la búsqueda de «la tierra prometida».

Josué demostró esa persistencia hasta que la meta se cumplió y la gente estuvo a salvo en su nuevo hogar.

Tu capacidad para lograr tus sueños y cumplir con tus deseos se basa en la persistencia.

La persistencia simplemente significa que cuando sabes qué hacer, lo haces, hasta que quede terminado.

La persistencia es la actitud que supera TODOS los obstáculos, vence a TODOS los enemigos y logra TODAS las metas.

La persistencia separa la parte más alta de la más baja. La persistencia gana.

Cuando persistes en el trabajo, haces cosas más grandes.

Cuando persistes en amar y cuidar a tu familia, produces gente más feliz.

Cuando persistes en mejorarte a ti mismo, te conviertes en una mejor persona.

Cuando persistes en acercarte a Dios, Él responde y guía tu vida.

Nunca subestimes el «poder de la persistencia».

La Biblia dice en Gálatas 6.9: «*No nos cansemos de hacer el bien, porque a su debido tiempo cosecharemos si no nos damos por vencidos*». *(NVI)*

85 - Honra a tu esposa

(octubre 18-24)

Hace algunos años, Fanny Blankers-Koen fue votada la atleta femenina más importante del siglo 20.

Fanny era una ama de casa holandesa a quien le encantaba más que nada estar en casa con sus dos hijos. Estaba felizmente casada y era devota a su familia. También era una corredora asombrosamente rápida.

Ya había establecido seis récords mundiales cuando decidió correr en los Juegos Olímpicos de 1948 en Londres. Le habían dicho que, a la edad de 30 años, era demasiado vieja para competir con mujeres más jóvenes. Ella ignoró la advertencia y comenzó a entrenar. No se dio cuenta que de que ya había comenzado su tercer embarazo.

Ganó su primera medalla de oro fácilmente. Luego corrió una carrera difícil donde iba empatada con otras dos mujeres cerca del final, antes de irrumpir a la meta y ganar por 11,2 segundos.

Mientras se preparaba para su tercer evento, se puso emocional y quería ver a su esposo. Cuando él llegó, ella estaba llorando. Dijo que extrañaba a sus hijos y dejaría los Juegos Olímpicos para volver a casa. Su esposo le dijo que si no terminaba los juegos, siempre se preguntaría qué hubiera pasado. Ella se recompuso y decidió quedarse.

Ella luego aplastó a su competencia. Ganó la medalla de oro y estableció un nuevo récord olímpico en su tercer evento y ganó una cuarta medalla de oro en una pista empapada de lluvia y resbaladiza con lodo. Era imparable.

Fanny, apodada la «ama de casa voladora» por la prensa británica, regresó a Holanda como una heroína nacional.

Se retiró de las competencias en 1955. Aunque poseía numerosos récords mundiales y cuatro medallas olímpicas de oro, se sentía más orgullosa de su esposo e hijos. A lo largo de su larga vida, se sentía más agradecida de ser una esposa y madre feliz. Su legado fueron sus hijos, no sus victorias atléticas.

Una vez hablé en una conferencia de judíos jasídicos. Estaba terminando mi mensaje cuando sentí la necesidad de agregar algo sobre la importancia de un buen matrimonio para el éxito. Le conté a la multitud cómo Dios me había bendecido con Amy, mi maravillosa esposa y amiga. No había planeado hacer lo que hice a continuación. Sentí a Dios dirigiéndome para citar Proverbios 31.30: *«Engañoso es el encanto y pasajera la belleza; la mujer que teme al Señor es digna de alabanza».* (NVI)

Apenas acababa de comenzar el verso cuando todos los trescientos hombres de la audiencia se pusieron de pie y comenzaron a citar el verso conmigo, mientras sus esposas los observaban con rostros plenos de amor y afecto. Fue uno de los momentos más conmovedores de mi vida.

El esposo de Fanny Blankers-Koen siempre honró a su esposa. Él la amaba y respetaba pública y privadamente. Criaron a sus hijos y vivieron su vida juntos y el centro de su relación fue el honrarse el uno al otro.

Permíteme sugerir algo especial para tu esposa. Haz un «día del honor» sorpresa solo para ella. Que sea diferente a su cumpleaños u otro día especial. Involucra a tus hijos. Enfócate en la vida y compromiso de tu esposa. Honra sus sacrificios. Diviértete. Celébrala.

Y no la honres solo en un día particular; hónrala todos los días.

«Sus hijos se levantan y la felicitan; también su esposo la alaba...». (Proverbios 31.28 NVI)

86 - Encuentra al mentor correcto

(octubre 25-31)

Una vez trabajé con un mentor que llenó una necesidad que yo no sabía que tenía.

Mientras estaba trabajando con el Dr. Charles Stanley en la First Baptist Church de Atlanta, Georgia, la iglesia me pidió conducir una conferencia de matrimonios en Hilton Head, South Carolina.

Amy y yo pasamos la semana con 500 parejas enseñando principios bíblicos sobre las relaciones. Durante la conferencia, conocimos a una pareja que me pidió que ayudara a uno de sus amigos que estaba teniendo dificultades en su matrimonio. Esto condujo a una relación con la pareja de la conferencia que nos llevó a su vez al mentor que yo no sabía que necesitaba.

A través de la influencia de esta primera pareja, fui invitado a hablar en una convención de negocios en Huntsville, Alabama. El otro orador era un hombre de negocios exitoso que había generado cientos de millones de dólares en ingresos. Él había logrado todo esto al construir su propia red de negocio. También era un cristiano comprometido. Nos conocimos y creamos una conexión de inmediato.

Unos cuantos meses después, Amy y yo atravesamos un valle oscuro de desafío financiero. Una noche, sin poder dormir, oré a Dios para que nos ayudara. El nombre del empresario surgió en mi mente. Aunque ya era pasada la media noche, lo llamé. Contestó, me aseguró que estaba bien llamar tan tarde y preguntó cómo podría ayudar. Yo dejé brotar todo mi temor y ansiedad. Él escuchó y entonces preguntó si podríamos reunirnos. Yo acepté e hice arreglos para ir a su casa.

Él vivía a cuatro horas de distancia, pero yo estaba tan desesperado que no me importó. Cuando llegó el día de la cita, conduje ansiosamente para reunirme con él.

Este hombre me hizo preguntas detalladas acerca de mis finanzas. Yo respondí honestamente. Mis respuestas revelaban serios defectos en mi manejo financiero. No tenía un plan. Gastaba dinero que no podía darme el lujo de gastar. No tenía ahorros. Ya había gastado el límite en cada tarjeta de crédito que tenía. Necesitaba socorro.

Él analizó minuciosamente mi situación financiera sin piedad. Fue amable pero brutalmente franco en su respuesta. Me dijo la verdad. Al principio, me ofendí y decidí irme temprano, pero rápidamente Dios me recordó que había orado por ayuda y este hombre era la respuesta a esa oración. Me puse humilde y comencé a escuchar. Esa decisión cambió mi vida.

Nos hizo seguir un presupuesto estricto y acordó reunirse conmigo regularmente para enseñarme principios básicos de cómo ganar y conservar el dinero. Aprendí lecciones que nunca había conocido.

Por los próximos cuatro años, este hombre generoso y bondadoso derramó su vida en mí. Nos salvó de una posible ruina financiera y nos ayudó a crear la fundación en la que todavía vivimos. Estaré agradecido por siempre.

De este mentor, aprendí:

1. A ser humilde y estar acorde con la verdad, aunque duela.
2. A exponer mis debilidades para que puedan ser corregidas.
3. Que el dinero es necesario para respaldar todo lo demás.
4. Que ganar dinero es difícil y toma tiempo, pero es asombrosamente fácil de perder.
5. Que el diezmo y el dar a la obra de Dios es fundamental para la libertad financiera.
6. Que ninguna posesión tuya puede igualar el sentimiento de la seguridad financiera.

7. Que los niños de la próxima generación necesitan entrenamiento financiero sólido para su protección.
8. Que siempre deberías vivir por debajo de tu ingreso.
9. Que puedes disfrutar lo que ganas cuando todo lo demás está en balance.

La Biblia dice en Proverbios 19.20: «*Escucha el consejo y acepta la corrección, y llegarás a ser sabio*». *(NVI)*

87 - Paga el precio

(octubre 25-31)

Así es como aprendí el poder de la disciplina personal. Dios volvió a darme el mentor correcto justo en el momento preciso. Me siento agradecido de que fui lo suficientemente sabio para reconocerlo cuando llegó.

Mi siguiente mentor entró a mi vida en la universidad de posgrado. Estaba inscrito en un programa de maestría que requería tres años. Durante el primer semestre, conocí al Dr. Robert Coleman. Era un fanático del fútbol con un doctorado de la Universidad de Iowa, a quien le gustaba usar chaquetas de motociclista de piel. Era un profesor popular cuyas clases se enfocaban en cuestiones culturales contemporáneas. También era un poderoso hombre de Dios.

Experimenté el estilo optimista e inteligente de enseñar del Dr. Coleman en una clase durante mi segundo semestre. Para entonces, yo había oído que él estaba profundamente comprometido con Cristo y tenía la tendencia de aparecer en localidades y eventos no cristianos para hablar con la gente que no era parte de su mundo de fe. El Dr. Coleman tenía fama de atraer a individuos que generalmente tenían cero interés en la Biblia o la iglesia. Parecía que estos individuos le respondían con un pronunciado afecto y respeto. Él también sentía eso por ellos.

Yo estaba cada vez más curioso acerca de un líder con una combinación inusual de preparación académica de alto nivel y capacidad atlética (él todavía competía en varios deportes) quien pudiera navegar fácilmente en el mundo cristiano y secular.

Después del verano, regresé para mi segundo año y descubrí que el Dr. Coleman me había dejado un mensaje. Se me pidió visitarlo en su oficina tan pronto como fuera conveniente.

Llegué a la oficina del Dr. Coleman más tarde esa misma tarde. Me dio la bienvenida y después de algunos minutos de conversación para ponernos al día, me hizo una oferta. Me dijo que si quería aprender lo que él sabía acerca de cómo desarrollar una relación con Jesucristo, así como aprender los enfoques y técnicas que él había desarrollado para ayudar a la gente, entonces él se reuniría conmigo cada semana por una hora. Otros cuantos estudiantes habían sido invitados y yo completaría el grupo. De inmediato acepté. Luego él me informó que el grupo solo se reunía una vez a la semana a las 5:30 a.m. Me preguntó si eso funcionaría.

Yo estaba recientemente casado, trabajando tres días a la semana y llevando una carga académica completa a nivel de posgrado. Además, yo era definitivamente una persona nocturna. También sabía que sentía un hambre por saber lo que este hombre destacado sabía y quería estar en su órbita de relación. Dije que sí.

Por los próximos dos años, fui a cada reunión. Nunca llegaba tarde. Fue una de las experiencias más grandiosas de mi vida. Aprendí lo que significaba «pagar el precio» por algo valioso. Fue todo lo que yo esperaba.

Este segundo mentor me enseñó el camino a la disciplina. Yo me había formado una impresión negativa de la idea de la disciplina. La asociaba con tensión, dolor e inconveniencia. La disciplina parecía casi un castigo que me alejaba de la diversión y el gozo. La disciplina era la rutina, el aguante, la fricción que irritaba mis sentidos. Yo no quería tener nada que ver con la disciplina.

Yo, por supuesto, entendía que cierta disciplina era necesaria para obtener calificaciones y graduaciones, pero prefería evitar cualquier cosa más allá de eso. No había aprendido la lección crítica de que la disciplina es la ruta a la libertad. La disciplina es la puerta a la grandeza en cualquier esfuerzo.

El Dr. Coleman me ofreció una oportunidad de recibir

sabiduría excepcional a partir de una fuente excepcional. Lo único que tenía que hacer era presentarme cada jueves por la mañana a las 5:30 a.m. por dos años.

Todavía recuerdo mañanas donde la nieve y el hielo me hacían querer volver a las cobijas. Hubo noches cuando un proyecto tardío no cooperaba y tenía que quedarme tarde para completar la tarea. No obstante, nunca falté una mañana.

Durante esas horas de la mañana de los jueves, encontré un mundo diferente de un asombroso poder espiritual. Dios bendijo mi disciplina y me dio las recompensas de discernimientos inesperados y encuentros profundos con Su presencia. Aprendí las técnicas que el Dr. Coleman usaba para relacionarse exitosamente con cualquiera. Crecí en carácter y conocimientos y luego a eso le sumé sabiduría y pasión.

Orábamos con gran profundidad, estudiábamos la Biblia con el corazón abierto, leíamos libros que nos elevaban hacia alturas desconocidas y teníamos conversaciones de honestidad conmovedora.

Valió la pena cada hora de sueño perdido. Mereció mi disciplina.

El Dr. Coleman me enseñó:

1. Que las puertas más importantes se abren con sacrificio y compromiso.
2. Que las mejores lecciones no siempre están disponibles en tu horario.
3. Que cuando das, recibes.
4. Que tienes que perseguir la excelencia para lograr excelencia.
5. Que tienes que conquistar tus tendencias egoístas y debilidades para alcanzar la grandeza.
6. Que hay poder en un grupo de amigos con mentalidades similares que estén dirigiéndose en la misma dirección.

7. Que deberías tratar a todos con el mismo respeto y aprecio, estén de acuerdo contigo o no.

8. Que puedes aprender principios espirituales profundos y todavía disfrutar del fútbol y de usar chaquetas geniales de piel.

La Biblia dice en 2 Timoteo 1.7: «*Pues Dios no nos ha dado un espíritu de timidez, sino de poder, de amor y de dominio propio*». *(NVI)*

88 - El poder de creer

(noviembre 1-7)

En 1975, la Dra. Ellen Langer llevó a cabo un experimento loco.

Langer estaba convencida de que las creencias de una persona ejercían una tremenda influencia en la vida y comportamiento de esa persona. Sus estudios incluso indicaban que la creencia es lo suficientemente poderosa como para cambiar a la persona físicamente. En 1975, decidió ver si su teoría era verdadera.

Langer reclutó un grupo de hombres que tenían dos cosas en común: Todos tenían 75 años y estaban dispuestos a estar fuera de su hogar por una semana.

Langer primero hizo pruebas a todos los hombres. Registró su presión arterial, ritmo cardiaco, flexibilidad, fuerza física, agudeza mental y memoria a corto plazo. Aún más importante, registró su actitud hacia la vida en general y notó sus niveles de felicidad y depresión.

El grupo fue transportado a una ubicación privada y se les dijo que iban a participar en un retiro poco común. Iban a vivir como si estuvieran en 1959.

A los hombres se les dio ropa del año 1959. Solo podían ver programas de televisión grabados en 1959. Solo podían escuchar música de 1959 o antes. Solo tenían acceso a revistas de 1959 y solo tenían libros de 1959 o antes.

Los hombres recibieron instrucciones estrictas de hablar como si el año fuera 1959. Por ejemplo, se les dijo que si discutían de política, solo podrían compartir pensamientos acerca de Dwight Eisenhower, quien fue el presidente de los Estados Unidos en 1959. Solo podían conversar acerca de los acontecimientos y las noticias de 1959.

A los hombres se les dijo que se divirtieran y disfrutaran la vida como si tuvieran 20 años menos.

Los hombres rápidamente se adaptaron a su nuevo mundo. Comenzaron a hablar y actuar como si tuvieran 55 años en lugar de 75. Sus niveles de energía se elevaron. Muchas de sus molestias físicas desaparecieron. El grupo, de hecho, comenzó a verse más joven.

Al final de la semana, todos los hombres fueron nuevamente examinados. Su fortaleza física (especialmente el agarre de sus manos) había incrementado. Se paraban más erguidos y más rectos. Sus habilidades mentales habían mejorado. Alrededor de la mitad de los hombres, de hecho, recibieron puntajes más altos en las pruebas de inteligencia. Todos los hombres mejoraron en su memoria de corto plazo. Hasta su visión mejoró como 10 %. Eran mejores en cada categoría.

Una semana después del experimento, se les pidió a extraños que adivinaran la edad de los hombres. Los observadores consistentemente pensaron que por lo menos tenían tres años menos de los que en realidad tenían. ¡Y eso fue después de solo una semana en el retiro!

Todo esto ocurrió porque los hombres actuaron como si creyeran que era 1959 y tenían 20 años menos.

Este estudio revela el poder de la creencia. Lo que crees y qué tan fuertemente lo crees puede alterar la dirección de tu vida. La creencia correcta incluso puede hacerte más joven y más saludable.

La creencia correcta puede liberar energía y vida.

Siempre cree en las posibilidades más positivas acerca de ti mismo. NUNCA te quejes de que estás envejeciendo o de que «ya no eres tan joven como antes».

En su lugar, celebra cada buena cosa que Dios te ha

dado. Cree que eres mejor. Espera estar saludable y feliz. Disfruta cada bendición que puedas.

El creer también puede liberar poder espiritual.

El versículo de la Biblia más famoso en el mundo, Juan 3.16, dice esto: «*Porque tanto amó Dios al mundo que dio a su Hijo unigénito, para que todo el que cree en él no se pierda, sino que tenga vida eterna*». *(NVI)*

La palabra que activa el perdón y la vida eterna es CREER.

La palabra griega que se traduce en «creer» significa literalmente colocar todo el peso de tu vida en tu creencia. Este verso significa creer lo suficiente en Jesucristo como para colocar todo el peso de tu vida en Él y Su sacrificio por ti en la cruz.

Cree lo mejor. Tu vida puede llegar a ser más de lo que alguna vez esperaste.

89 - El poder de un gran padre

(noviembre 1-7)

*E*staremos bien, porque Matt vendrá.

Matt Lethbridge fue timonero del bote salvavidas St. Mary's en las islas de Scilly, frente a la costa de Inglaterra, por casi 30 años. Fue uno de los más condecorados y aclamados rescatistas en la historia británica.

Fue el capitán en 151 rescates marinos dramáticos, muchos en condiciones peligrosas y potencialmente mortales. En 1983, un helicóptero de pasajeros que llevaba 26 personas se estrelló en el mar a cuatro millas de tierra. El helicóptero envió una señal de auxilio y el capitán Lethbridge y su equipo respondieron inmediatamente.

Uno de los sobrevivientes, Lucille Langley-Williams, dijo que cuando vio el cohete de fuegos artificiales utilizado para alertar al bote salvavidas elevándose hacia el cielo, volteó a ver a sus compañeros pasajeros y simplemente dijo: «Estaremos bien, porque Matt vendrá».

Matt sí llegó y se salvaron numerosas vidas, incluyendo la de Lucille.

Hace poco, desayuné con mi padre en un restaurante local llamado Hardees, conocido localmente por sus deliciosos bizcochos. Me había llamado temprano y preguntado si podríamos reunirnos, porque tenía algo que platicar.

Después de sentarnos con nuestros alimentos, mi padre, de 90 años de edad, delineó el programa financiero que había organizado para mi madre, de 87 años. Gracias a Dios, ambos gozan de buena salud, viven de forma independiente en su propia casa y todavía se mantienen activos en su iglesia y comunidad.

Mi padre quería que yo supiera que había hecho

arreglos de dinero y provisión para cualquier cosa que mi madre necesitara si él fallecía. Había pensado en todo. Era un plan excelente y completamente financiado.

¿Cómo hizo mi padre, un vendedor profesional (carne, luego plástico y suministros de limpieza), para tener el dinero para mantener a mi madre? La respuesta se encuentra en su manejo abnegado de todos sus recursos. Por más de 60 años, después de su retiro de la Armada de los Estados Unidos, nunca gastó dinero en sí mismo. Rara vez compraba ropa nueva, tomó pocas vacaciones (solo las que consiguió en «una buena oferta») y manejaba los mismos autos por años, cuidándolos.

Cuando yo fui a la universidad, él hipotecó su única pieza de tierra y pagó por mi primer año (todo lo que él pudo). Ahorró dinero para ayudar a nuestra hija Allison a pagar sus estudios en la facultad de derecho y está usando, actualmente, ahorros para ayudar a nuestro hijo Jonathan, que está asistiendo a la facultad de derecho.

Ha pasado su vida negándose cosas a sí mismo para proteger y mantener a su esposa y familia. Sus sacrificios han bendecido a dos generaciones.

Cuando el helicóptero chocó frente a la costa de Inglaterra en 1983, Lucille, la pasajera en peligro, sintió poco miedo porque sabía que «Matt vendría», y Matt lo hizo.

Por décadas, mi familia ha sabido que si algo malo ocurriera, Prentess vendría. Y siempre lo ha hecho.

Si Dios te ha confiado una familia, entonces decide ser el mejor esposo y padre que puedas. Demuestra una verdadera grandeza al proteger y proveer para aquellos que dependen de ti. Esfuérzate en tu trabajo, maneja bien tu dinero, y guía a tu familia a conocer y seguir a Dios.

Sé el tipo de hombre que cause que tu familia diga cuando lleguen los desafíos: «Estaremos bien, él (tú) vendrá(s)».

La Biblia dice en Proverbios 20.7: «*Justo es quien lleva una vida sin tacha; ¡dichosos los hijos que sigan su ejemplo!*». *(NVI)*

Hazte como propósito ser un gran esposo y padre.

90 - Las pequeñas cosas

(noviembre 8–14)

Mi esposa Amy y yo hemos estado en una dieta por tres meses. Ambos hemos perdido 15 libras (6,8 kg) cada uno. La dieta ha funcionado.

Nuestro hijo Jonathan creó nuestra dieta baja en carbohidratos y participó él mismo para darnos guía e inspiración. Ha perdido casi 25 libras (11,3 kg) y se ve muy bien.

Esta ha sido una estrategia bastante típica de bajos carbohidratos con algunas modificaciones agregadas por Jonathan. Hemos disfrutado el hacer esto como familia y nos hemos sentido fantásticos hasta recientemente. Sin embargo, hace tres semanas, algo inesperado me ocurrió.

Yo corro de 3 a 5 millas todos los días (por 25 años) y por suerte nunca tuve problemas con mis rodillas, articulaciones o músculos. Todo esto cambió repentinamente una mañana mientras corría. Los tendones y ligamentos en mi pantorrilla y muslo derecho abruptamente se me acalambraron con dolorosas contracturas.

Logré regresar a casa, donde usé hielo y calor para aflojar mis músculos. Sentí algo de alivio y decidí incrementar mi tiempo de estiramiento la siguiente mañana.

Continué corriendo por las siguientes dos semanas, alternativamente estirándome, aplicándome hielo y un medicamento tópico en mi pierna. Corría con dificultad, pero persistí para no perder mi rutina regular. El dolor empeoró, pero yo seguía intentando superarlo.

Finalmente, mientras estaba en la boda de mi sobrino en Jersey Shore con Amy, Jonathan, nuestra hija Allison y su esposo Asa, estalló una crisis.

Después de la boda y la recepción, decidimos hacer

una caminata en familia cerca del océano, en la encantadora ciudad natal de Amy. Después de 15 minutos, el dolor fue tan intenso que ya no pude caminar. El dolor incluso se había extendido a la otra pierna.

Con gran dificultad, regresamos a la casa de los padres de Amy, donde otra vez me estiré y usé un ungüento medicinal. Nada me ayudó.

Mientras estaba descansando, Jonathan de repente entró a la habitación agitando su celular. Anunció que había resuelto mi problema.

Jonathan me informó que yo tenía todos los síntomas de una deficiencia de potasio y magnesio. Los músculos necesitan ambos minerales para funcionar y sin ellos, los músculos de las piernas pueden acalambrarse y contracturarse, causando dolor considerable.

Mi yerno Asa me consiguió algunas tabletas de potasio y Jonathan encontró magnesio (mis parientes tienen un gabinete de suplementos bien surtido).

Tomé las pastillas y para la siguiente mañana estaba casi libre de dolor. He continuado con las tabletas y ahora puedo caminar y correr sin ninguna dificultad.

No soy un médico o un profesional de salud, por lo tanto, no te estoy aconsejando que hagas lo que yo hice. Consulta con tu propio doctor. Pero yo estoy agradecido por mis resultados.

Tanto el potasio como el magnesio son oligoelementos y el cuerpo solo necesita pequeñas cantidades. Pero esas pequeñas cantidades son vitales.

Nunca ignores el poder de las pequeñas cosas. Una vez hablé con una mujer que me dijo que tenía problemas para dormir y no podía entender por qué. Cuando la interrogué, admitió que tomaba varias tazas de café a lo largo de la tarde y veía las noticias por cable (lo que siempre la molestaba) antes de ir a dormir. Le pregunté si esas dos «pequeñas cosas» pudieran ser la causa de su situación. Se vio sorprendida, luego sonrió y asintió con la cabeza, sí. Rápidamente resolvió su problema.

Observa tu propia vida. El motivo de un desafío o la causa de una dificultad podría ser una «pequeña cosa» justo enfrente de tus ojos. Algunas soluciones son realmente simples.

La Biblia dice en Zacarías 4.10: «*¿Quién despreció el día de las pequeñeces?*». *(RVA-2015)*

91 - El poder de un gran sueño

(noviembre 8–14)

Él nació en una pequeña isla en el océano Atlántico. Su madre era cocinera y su padre un jardinero.

Se crio en una familia católica simple que era tan pobre que él tenía que compartir su habitación con su hermano y dos hermanas mayores.

Sus padres celebraron su nacimiento y querían darle un regalo que inspirara su vida, por lo tanto, lo nombraron como el presidente estadounidense Ronald Reagan, con la esperanza de que su nombre lo motivara a alcanzar grandes metas.

Cuando era niño, demostró habilidad atlética, por lo tanto, su padre lo animó a jugar fútbol, conocido como soccer en los Estados Unidos. Para los 12 años, fue fichado por un equipo y pagado su primer sueldo profesional. Tenía habilidades tan impresionantes que equipos semiprofesionales comenzaron a notarlo.

Cuando tenía 14, era tan bueno que persuadió a sus padres para que lo dejaran concentrarse tiempo completo en su sueño de ser un futbolista profesional.

Trabajó duro y practicó el deporte con determinación y pasión, pero a los 15, algo terrible ocurrió. Comenzó a experimentar serios síntomas de salud y con el tiempo, fue diagnosticado con un peligroso problema cardíaco. Le dijeron que no podría seguir jugando el deporte que amaba.

Más tarde ese año, sus padres acordaron someterlo a una operación del corazón. Oraron a Dios para que ayudara a su hijo y esperaron los resultados. El procedimiento fue un éxito y los agradecidos padres dieron la bienvenida a su hijo en casa. Nunca volvió a sufrir de ese problema cardíaco.

Regresó al fútbol y rindió de forma tan brillante que fue ascendido a un equipo mayor a los 17 años. En el primer partido importante que jugó, anotó dos goles y guio a su equipo a un triunfo por 3–0.

Él es ahora considerado el mejor jugador en el mundo y probablemente uno de los más grandes de todos los tiempos. Ha ganado cuatro Balones de Oro, cuatro premios Bota de Oro, cinco títulos de liga, cuatro títulos de Liga de Campeones UEFA y una Eurocopa. Mantiene el récord de más goles anotados en una temporada de Liga de Campeones (17).

Su nombre es Cristiano Ronaldo y todo lo que ha logrado comenzó con un sueño de la infancia.

Un gran sueño es el comienzo de una vida más grandiosa.

Cuando yo tenía cinco años, recuerdo que caminaba enfrente de una hermosa e inmensa casa de tres pisos, con un amplio porche delantero lleno de gigantes columnas. Estaba cerca de la orilla de un río lento y pacífico que ondulaba a través de las exuberantes y boscosas montañas de mi pueblo natal en Kentucky. Todavía recuerdo haberme parado para mirar esta atractiva casa y decirle a mi mamá que quería vivir en esa casa algún día.

Mi familia y yo hemos vivido en esa casa desde 1988. Es todo lo que soñé que sería.

Cuando yo tenía 15, me sentaba en el porche delantero de la casa de mis padres y miraba la montaña situada al otro lado del río desde su propiedad. Era un cristiano nuevo y me encantaba leer acerca de grandes hombres de Dios como John Wesley, D.L. Moody y Billy Graham, quienes hablaban a enormes multitudes y llevaban a miles de personas a la fe en Cristo. Soñaba con hablar en arenas y estadios. Oraba para que Dios me usara.

Ese sueño creció hasta convertirse en una vida de comunicar a Cristo a millones. He hablado, hasta ahora, en vivo a más de 8 millones de personas y en seis ocasiones he hablado ante 71.000 personas en el Georgia Dome en Atlanta, Georgia. Dios hizo que el sueño se convirtiera en realidad.

Despierta tu habilidad de soñar en grande. Enseña a tus hijos y nietos a soñar en grande. Honra a Dios e inspira tu vida al alcanzar más de lo que alguna vez hayas soñado.

Muestra valentía. Usa la fe. Esfuérzate. Confía en Dios. ¡SUEÑA EN GRANDE!

La Biblia dice en Efesios 3.20: «*Y a aquel que es poderoso para hacer todo mucho más abundantemente de lo que pedimos o entendemos...*». *(LBLA)*

92 - Honra a tus abuelos

(noviembre 15-21)

Mi abuela Lafferty era una mujer de Dios que oraba por mí todos los días.

Mamá Lafferty (como yo la llamaba) pasó por serias angustias y decepciones. Su amado esposo murió cuando ella estaba en sus cuarentas, con niños todavía en casa.

Jerry, mi abuelo, era el hombre espiritualmente más respetado en la comunidad. Comenzó en una mina de carbón, avanzó en un servicio de taxis, luego regresó a la escuela como adulto, obteniendo su licenciatura y su maestría, para lograr su sueño de ser maestro de escuela. A través de toda esta transición, él caminó con Dios y fue legendario por el poder de sus oraciones.

Él y mi abuela Lula criaron cinco hijos: cuatro varones (Jerry, Adrian, James y Thomas) y una hija (Cristina, mi madre).

Cuando él falleció, la familia quedó hecha pedazos por el dolor. Mi madre me platicó años más tarde que su padre era el hombre más piadoso, generoso, amoroso y honesto que ella alguna vez conoció. Continuamente se sacrificaba por el bien de otros.

Mi abuelo tenía un padre pícaro a quien todo mundo llamaba «Chigger Jim». Era inmensamente popular, con una personalidad extrovertida y alegre. Aunque el abuelo de Jerry (y padre de «Chigger») era un pastor metodista (Long John Lafferty) que visitaba sus iglesias a caballo, «Chigger» desperdició la mayor parte de su vida tomando mucho, yendo a fiestas y persiguiendo mujeres. Esto era a pesar de la influencia de Melinda, su esposa (mi bisabuela), que era una cristiana enérgica y feliz.

Jerry se vio obligado a rescatar a su descuidado padre en

numerosas ocasiones y gastó dinero que no tenía para arreglar muchos de sus problemas.

Mi madre tiene recuerdos de su infancia de su padre llorando y orando por su padre descarriado. Él nunca dejó de amarlo.

Cuando yo era pequeño, mi madre hablaba de su padre (él murió cuando yo tenía un año). Me dijo como él oraba por mí para que llegara a conocer a Cristo como mi salvador y fuera llamado al ministerio público.

Cuando me convertí en adolescente, entré en la relación con Cristo por la que mi abuelo había orado, y cuando lo hice, experimenté la llamada al ministerio por la que él había orado.

Con el paso de los años, visité a mi abuela en cada oportunidad que tuve. Siempre me daba galletas o dulces y siempre me llamaba Ronald (la única persona que lo hizo). Siempre oró por mí. Ella era fuerte y a pesar de sus pérdidas (perdió a su primer hijo de un paro cardiaco relativamente joven), NUNCA se quejó o culpó a Dios. Se regocijó en su vida y utilizó todos sus recursos para ayudar y bendecir a otras personas. Tenía una integridad asombrosa. Una vez salió de una tienda cuando el encargado le pidió su identificación. Era tan honesta que no podía imaginar que alguien dudara de ella.

En 1957, el peor accidente de autobús escolar en la historia de los Estados Unidos devastó nuestra pequeña comunidad. Veintisiete niños cayeron al río Big Sandy y se ahogaron. El conductor, primo hermano de mi abuela, también murió.

La gente llegó desde todas partes del país para ayudar. Mi abuela usó su hogar como cuartel general y coordinó los esfuerzos de recuperación tan bien que recibió un elogio especial del Congreso de los Estados Unidos, dándole las gracias por su liderazgo excepcional. En los años que siguieron al desastre, ella se negó a atribuirse mérito, solo diciendo que ella había cumplido con la misma obligación que cualquier otra persona hubiera cumplido.

Estoy escribiendo esto porque quiero honrar a mis abuelos. Este no es un día especial o un aniversario. Simplemente quiero reconocer el legado de Jerry y Lula. Dios bendiga su influencia continua.

Si tus abuelos todavía están vivos, llámalos hoy. Dales las gracias por lo que te han brindado. Si tú eres un abuelo, entonces pide a Dios que te use para dirigir espiritualmente a las futuras generaciones. No hay nada que importe más. Gracias a Dios por los abuelos.

La Biblia dice en Proverbios 17.6: «*La corona del anciano son sus nietos; el orgullo de los hijos son sus padres*». *(NVI)*

93 - El poder de la felicidad

(noviembre 15-21)

Malcolm es un explorador y autor australiano. Ha viajado por el mundo en búsqueda de lugares poco comunes y gente interesante.

Malcolm también ha gozado de considerable éxito en los negocios y siempre ha generado el dinero para pagar por sus sueños.

En una entrevista, Malcolm dijo que su vida ha sido extraordinariamente feliz. Agregó que había experimentado las bendiciones de Dios en cada etapa de su vida.

Una fotografía de Malcolm nuestra a un hombre alto y atlético con cabello negro mezclado con mechas de gris. Es delgado, bronceado y bien vestido. Sonríe para la cámara con una mirada que es una mezcla de confianza y travesura.

Se ve como el hombre feliz que ha declarado ser.

No obstante, la historia de Malcolm no para ahí. Él vivió una tragedia paralizante. Su esposa y dos hijas murieron en un insólito accidente en un bote. Su negocio principal declaró bancarrota y él tuvo que reconstruir todo mientras a sus cincuenta y tantos años. Uno de sus libros causó semejante debate y controversia que se vio forzado a defender su trabajo por más de tres años. Cayó de un peligroso acantilado y pasó un año y medio en recuperación.

Cuando el reportero que estaba haciendo la entrevista le preguntó a Malcolm cómo podía ser tan feliz con tanto desastre en su vida, Malcolm cortésmente explicó que Dios había estado con él en cada circunstancia y le había dado paz profunda y gozo interno.

Terminó la entrevista reiterando que su vida había sido bendecida y feliz.

La felicidad puede ser circunstancial, pero el verdadero gozo es un regalo de Dios. El gozo es uno de los «frutos del espíritu» mencionados en Gálatas 5.22.

Proyectas felicidad cuando tienes un gozo real basado en tu relación con Cristo.

Cuando proyectas felicidad, te rodeas de una ola de favor y éxito.

Según el Dr. Shawn Achor, que enseña una clase popular sobre la psicología de la felicidad en la Universidad de Harvard, los doctores positivos y felices llegan a un diagnóstico correcto 19 % más rápido. Los agentes de ventas felices y optimistas venden más que otros vendedores por un asombroso 56 %. Los estudiantes felices rinden mejor en los exámenes de matemáticas.

El Dr. Achor además descubrió que los estudiantes universitarios de primer año que eran felices tenían ingresos más altos que los estudiantes infelices, 19 años más tarde.

Un estudio de 180 monjas católicas reveló que aquellas que se describieron a ellas mismas como felices vivieron 10 años más que las que afirman ser infelices. En otro estudio, médicos que recibieron dulces gratis tenían un mejor y más rápido rendimiento que aquellos a los que no se les dio nada. Cuando fueron entrevistados, los doctores que recibieron dulces dijeron que se sentían más felices después de haberlos recibido.

Un gran estudio de 275.000 personas descubrió que un sentimiento de felicidad (que luego se propagó a otras personas) fue el factor número uno en el éxito personal.

Cuando te sientes feliz, actúas feliz y le transmites felicidad a otra gente, tienes más éxito, te desempeñas a un nivel más alto, le caes mejor a la gente y la vida transcurre más fácilmente.

Siempre recuerda que la felicidad y el gozo vienen del interior. Como Malcolm, puedes elegir felicidad, pese a tus circunstancias. Cuando lo haces, tu vida y las vidas de otras personas en tu vida son mejores.

Deja de quejarte. Deja de culpar. Aléjate de la autocompasión. Da gracias a Dios.

Sé feliz y ve cómo tu vida puede «despegar».

La Biblia dice en Nehemías 8.10: *«No estén tristes, pues el gozo del Señor es nuestra fortaleza». (NVI)*

94 - La grandeza de la oración

(noviembre 22-28)

Yo tenía 15 años cuando mi madre me dijo que mi abuela Ball se había enfermado gravemente en un viaje a Wisconsin. Además, dijo que mi padre, tras haber hecho arreglos funerarios apresurados, ya se había ido para traer su cuerpo a casa.

Mi abuela era una mujer aventurera y optimista que había rentado un avión privado, contratado a un piloto y había volado a Wisconsin simplemente porque «quería verlo».

Yo había pasado cada fin de semana con ella desde que tenía siete años. Veía viejas películas de monstruos conmigo, me hacía bandejas de pan de jengibre, montañas de palomitas de maíz y me llevaba a la iglesia el domingo por la mañana. Yo la amaba profundamente y estaba asustado y preocupado cuando mi madre me dijo que estaba a punto de morir.

Yo era un cristiano relativamente nuevo y apenas estaba comenzando a aprender cómo estudiar la Biblia y orar. Sabía que Dios frecuentemente respondía las oraciones en las historias de la Biblia que leía y decidí pedirle ayuda a Dios.

Me encerré en el baño y me arrodillé a un lado de la tina. Le dije a Dios que mi abuela estaba desesperadamente enferma y necesitaba Su ayuda. (Creo que Él ya lo sabía). Oré con una profundidad e intensidad que nunca antes había experimentado. Le pedí a Dios que hiciera un milagro y sanara a mi abuela. Fue la primera vez que había pedido por algo tan personal e importante.

Había estado orando por unos 15 minutos cuando sentí una poderosa presencia. Un profundo sentido de paz llenó mi conciencia. Por la primera vez en mi vida, oí a Dios hablando en mi mente. La quietud calmó mis nervios. Escuché a la voz interna decir que mi oración había sido escuchada y Dios había respondido. Mi abuela viviría. La vería de nuevo. Todo el temor y la preocupación desaparecieron. Sentí un gozo que fue diferente a cualquier cosa que yo alguna vez había experimentado.

Salí del baño para encontrar a mi madre. Estaba de pie en la cocina llorando. Le dije que Dios me había asegurado que Mamá Ball (como yo la llamaba) iba a estar bien. Mamá me miró con tristeza y dijo que la enfermedad de mi abuela no era algo de lo que una persona pudiera recuperarse. Me dijo que me amaba, pero que yo tenía que aceptar que no había esperanza médica.

Unas cuantas horas después, mi madre contestó el teléfono. Todavía recuerdo la mirada de asombro en su rostro. Cuando colgó, volteó a verme y dijo que un milagro había ocurrido y mi abuela no estaba solo viva, sino despierta, riendo y haciendo planes para volver a casa. Mi asombrado padre estaba a un lado de su cama.

Le pregunté a mamá a qué hora había revivido mi abuela. Cuando me lo dijo, me di cuenta de que era el momento exacto en que yo percibí a Dios dándome la noticia de que ella iba a ser sanada. Nunca volví a entrar a ese baño sin sentir una oleada de gratitud por Dios y Su amor hacia nosotros.

Mi abuela voló de regreso a su casa con mi padre en su avión rentado. Vivió felizmente por otros 30 años, sirviendo a Dios, a su familia y a su comunidad. Nunca perdió su sentido del humor o su agradecimiento por el milagro de su recuperación. Fue una de las personas más felices que alguna vez he conocido.

Este fue solo mi primer encuentro con el poder milagroso de Dios. Desde entonces, he visto múltiples milagros que solo pueden ser explicados por la intervención del amor de Dios.

Te exhorto a que recuerdes estas lecciones clave acerca de la oración.

1. Lo que funciona no es la oración, sino Dios, quien recibe tu oración. Nunca olvides que tu oración no es el milagro; el milagro es la respuesta de Dios. A quién le oras significa todo.

2. La oración no es un servicio telefónico donde tú envías tu orden y obtienes lo que demandas. La oración es una admisión humilde de tu necesidad de Dios, su ayuda y su presencia.

3. Incluso si Dios elige darte una respuesta diferente a la que tú quieres, recuerda que Él siempre te ama y solo hace lo que es verdaderamente lo mejor.

4. El poder más grande de la oración es su habilidad de cambiarte.

La Biblia dice en 1 Tesalonicenses 5.16–18: «*Estén siempre alegres, oren sin cesar, den gracias a Dios en toda situación, porque esta es su voluntad para ustedes en Cristo Jesús*». *(NVI)*

Oremos...

95 - La motivación más grande para el éxito

(noviembre 22-28)

¿Qué inspiró a Justus von Liebig a hacer las cosas asombrosas que hizo?

En 1816, cuando Justus tenía 13 años, se convirtió en aprendiz en el taller de su padre en Darmstadt, Alemania. Su familia vendía pinturas y pigmentos y el joven Justus desarrolló desde temprana edad un amor por mezclar combinaciones poco comunes de pinturas y barnices.

Esta experiencia lo llevó a Justus a elegir una carrera en química aplicada y con el tiempo, se convirtió en uno de los más brillantes y exitosos químicos en el mundo. Cuando era un adulto joven, decidió usar sus habilidades químicas para atacar la hambruna mundial. Llevó a cabo algunos de los primeros estudios en fertilizantes que enriquecerían la tierra y harían crecer más alimentos para la gente necesitada.

Después comenzó a estudiar lo que algún día llegaría a ser la ciencia nutricional y fue uno de los primeros científicos en analizar y entender los elementos, tales como las proteínas, las grasas y los carbohidratos que componen los buenos alimentos. Esto le permitió recomendar mejores alimentos que beneficiarían a más gente. Él incluso inventó extracto de carne para que las proteínas esenciales de la carne pudieran ser transportadas fácilmente a donde más se necesitaba la nutrición.

Justus sabía que muchas madres eran demasiado pobres como para comer lo suficientemente bien para amamantar y decidió hacer algo para ayudarlas. Inventó un líquido que se aproximaba lo más posible a la leche materna y luego creó controles de calidad estrictos para que el líquido fuera lo más puro posible. Su receta se formaba al mezclar leche de vaca, harina de trigo, harina malteada y bicarbonato de potasio. Reconoció que su mezcla no era tan buena como la leche materna, pero estaba preocupado acerca de las mujeres que, debido a la enfermedad o mala nutrición, no pudieran producir la sustancia natural.

Cuando quedó satisfecho con el resultado, llamó a su invención «Alimento soluble para bebés Liebig's» y lo preparó para su venta. Acababa de inventar la primera fórmula para bebés.

Entonces nuevamente, ¿qué motivaba a este inteligente y dotado inventor? Parecería, según el registro histórico, que su motivo principal para todo este éxito no era el dinero o la fama (aunque logró ambos) sino simplemente el amor y la compasión.

Esta es una asombrosa y explosiva verdad. La más grande motivación es el amor.

Esto no significa que el ganar dinero es incorrecto. Después de todo, la Biblia dice en Deuteronomio 8.18: «*Recuerda al Señor tu Dios, porque es él quien te da el poder para producir esa riqueza; así ha confirmado hoy el pacto que bajo juramento hizo con tus antepasados*». *(NVI)*

Significa que las mejores metas vienen envueltas en el amor y cuidado de Dios. Significa que la más grande fórmula para el éxito es triunfar mientras bendices y ayudas a otros.

Acababa de hablar en una convención gigante en Atlanta cuando me preguntaron si podía quedarme durante la noche para hablar en el servicio cristiano matutino del domingo. Tenía programado volar a Los Angeles para hablar la misma noche del servicio y no estaba seguro si llegaría a mi vuelo si hablaba el domingo por la mañana. Mientras debatía la decisión, uno de los líderes de la convención dijo que sentía que yo tenía que dar un mensaje especial para introducir a la gente a Cristo como Salvador y él estaba orando para que yo me quedara.

Al instante sentí que Dios quería que me quedara y que Él se haría cargo del horario.

Tuvimos un servicio fantástico la siguiente mañana con una enorme respuesta. En cuanto terminé, un auto me recogió y salimos de prisa al aeropuerto. Llegué a la puerta de embarque cuatro minutos antes de la hora a la cual estaba prevista cerrar. Un agente tomó mi boleto y, para mi sorpresa, lo rompió. Luego me dio un nuevo boleto para un asiento de primera clase.

Luego sucedió algo completamente inesperado. De repente, me sentí superior a todos los pasajeros de la clase económica que no podían pagar por primera clase. Quería que me vieran. Me sentí orgulloso de mi ubicación y quería que ellos lo supieran.

Igual de rápido, oí una voz interna de Dios diciéndome que Él me había bendecido con un asiento de primera clase para que pudiera descansar antes de mi siguiente discurso, no para inflar mi ego. Mi bendición no estaba diseñada para inflar mi ego, sino para darme descanso para que pudiera bendecir a otras personas.

Quiero que Dios bendiga tu éxito y te brinde gran prosperidad. Pero siempre recuerda que la motivación más grande para el éxito es bendecir a otros.

Cuando des gracias a Dios por las bendiciones de este Día de Acción de Gracias, pídele que te use el siguiente año para convertirte en un motor de bendiciones para todos los que conozcas. Luego, la gente le dará gracias a Dios por TI en tu próximo Día de Acción de Gracias.

La Biblia dice en Juan 13.35: *«De este modo todos sabrán que son mis discípulos, si se aman los unos a los otros». (NVI)*

96 - Baja el ritmo para ser grande

(noviembre 29–diciembre 5)

El perezoso es un mamífero que vive en las copas de los árboles y es conocido por sus movimientos lentos y cuidadosos.

Debido a que el perezoso se alimenta principalmente de hojas, las cuales tienen un bajo valor calórico, se mueve lentamente y duerme frecuentemente para conservar energía. Un perezoso adulto duerme alrededor de 10 horas al día.

El perezoso vive, come, duerme y se aparea en los árboles y rara vez visita el suelo. Si baja a la superficie, es vulnerable a los depredadores tales como jaguares y ocelotes. Si lo atacan mientras está en la tierra, dará manotazos al atacante con sus garras largas y filosas capaces de cortar carne fácilmente.

Otra razón por la que el perezoso es tan lento es porque solo el 25–30 % de su peso corporal es músculo, comparado con el 40–45 % de los otros mamíferos. Debido a esto, el perezoso solo puede moverse aproximadamente 10 pies (3 m) por minuto. Sin embargo, pueden nadar mucho más rápido, usando sus brazos largos y poderosos para impulsarse a sí mismos a través del agua a una velocidad de hasta 45 pies por minuto. También pueden bajar el ritmo de su metabolismo y ritmo cardiaco por un tercio, lo cual les permite mantener su respiración bajo el agua por hasta 40 minutos.

El perezoso forma parte de la cultura popular y han sido presentados como personajes en películas como *Ice Age* y *Zootopia*. El animal también es un símbolo común de los movimientos lentos y la somnolencia.

Incluso hay organizaciones profesionales dedicadas a ayudar al perezoso, tales como el Sloth Institute de Costa

Rica y la Sloth Appreciation Society (Sociedad del Aprecio del Perezoso).

El perezoso es un buen recordatorio de los beneficios de bajar el ritmo.

En los Evangelios, Jesús no solo tomó tiempo para apartarse de la presión y estrés de la vida pública, sino que también les pidió a sus discípulos: *«Vengan conmigo ustedes solos a un lugar tranquilo y descansen un poco». (Marcos 6.31 NVI).*

El descanso puede parecer lo opuesto al impulso de triunfar y hacer grandes cosas, pero descansar es esencial para continuar con el alto desempeño.

El Dr. Robert Lustig dice que sus estudios lo han convencido sobre la necesidad de contar con suficiente descanso, especialmente el sueño. El Dr. Lustig dice que: «El cerebro, después de una buena noche de sueño, procesa la información de forma diferente a un cerebro privado del sueño. El tener una buena noche de sueño consistentemente corresponde a cambios beneficiosos en el cerebro, incluyendo tus centros de memoria».

El Dr. Lustig sigue diciendo: «La privación del sueño causa estragos en la capacidad de funcionamiento de tu cerebro ... y ... en el sistema inmunológico». Él incluso declara que «aquellos que durmieron menos eran cinco veces más propensos a resfriarse». Ninguna cantidad de cafeína puede reemplazar una buena noche de sueño.

A veces, lo más inteligente que puedes hacer es parar, descansar y revitalizarte. Cuando continúas yendo más allá de tus límites, corres el riesgo de descomponerte.

Si quieres lograr grandes cosas en tu vida, entonces aprende la lección de «moderar el ritmo». Hay poder en la pausa cuando esperas hasta que estés listo para seguir avanzando.

Elías fue un líder espiritual valiente que desafió a un rey malvado que estaba forzando a los judíos a distanciarse de Dios. Elías arriesgó su vida para confrontar al rey en público. En un dramático encuentro, Dios milagrosamente intervino y reivindicó a Elías, causando que la gente dejara de ser leal al rey malo y volviera a adorar a Dios.

Después de esta experiencia exigente, Elías se ocultó en un lugar lejano en el desierto. Mientras estaba allí, pareció olvidar todo lo que Dios acababa de hacer y cayó en una depresión incapacitante. Perdió de vista el hecho de que él había visto a Dios físicamente enviar fuego del Cielo como una señal solo un día anterior y cayó en tal desesperación que le pidió a Dios que lo matara.

La respuesta de Dios, tal como está registrada en 1 Reyes 18–19, fue decirle a Elías que durmiera, tuviera una comida nutritiva y luego durmiera un poco más. Dios reconoció que Elías no tenia ningún problema espiritual. La necesidad de descanso de Elías era la raíz de su necesidad.

Dios quiere abrirte grandes puertas. Él desea cubrirte con bendiciones. Él quiere crear oportunidades para que tú logres grandes cosas para Su reino. Pero Él también sabe que habitas un cuerpo físico y que ese cuerpo necesita cuidado, energía y mantenimiento.

Dios puede darte descanso espiritual a través de llenarte con Su paz. Sin embargo, tú eres el responsable del bienestar de tu cuerpo.

Sabe cuándo descansar. Duerme lo suficiente. Come bien. Confía en Dios. Vive una gran vida.

La Biblia dice en Salmos 127.2: «*porque Dios concede el sueño a sus amados*». *(NVI)*

97 - Sueños gigantes

(noviembre 29–diciembre 5)

Albert vendía máquinas de malteadas a los restaurantes. Cuando sus clientes comenzaron a ordenar una máquina más barata, rápidamente se dio cuenta de que debía encontrar otra fuente de ingreso.

Albert notó que uno de sus restaurantes clientes estaba ganando más dinero que muchos otros y decidió visitar la ubicación en California.

Cuando hizo un recorrido por el restaurante, se impresionó con dos cosas: La velocidad de la operación y lo limpio que estaba todo. Preguntó a los dueños si él podía duplicar su modelo y ofreció pagarles una cantidad por los derechos.

Albert construyó su primer restaurante en su estado natal de Illinois. El autor John Love, en un estudio de la idea de Albert, dice que los líderes locales en el pueblo seleccionado se oponían al restaurante y pelearon duro para mantenerlo fuera de su comunidad. Estaban preocupados de que los precios bajos del menú atrajeran gente indeseable que tuviera un efectivo negativo en la ciudad.

Albert se negó a renunciar y respetuosamente les dijo a los líderes de la ciudad que su restaurante tendría un impacto positivo porque proporcionaría comidas asequibles a las familias, especialmente aquellas con niños pequeños.

Albert luego abrió un segundo restaurante en otra comunidad y encontró la misma reacción hostil. Los líderes de la segunda ciudad ignoraron lo bueno que había logrado en la primera ciudad y le ordenaron irse. Él se negó a hacerlo.

Por los siguientes diez años, Albert arriesgó todo para construir su sueño. Construyó más restaurantes, empleó más gente y se esforzó por traer un bien positivo a cada comunidad. No obstante, la gente influyente continuó oponiéndose a él.

Albert decidió que quería expandirse a nivel nacional y fue a su banco en Chicago para pedir un préstamo, pero el banco dijo «no». Entonces, él fue a cada banco en la ciudad y todos le negaron la ayuda.

Albert nuevamente se negó a darse por vencido. Sin apoyo financiero, utilizó su propio dinero para financiar la expansión y pronto extendió su nueva idea de restaurante en todos los Estados Unidos.

Él después corrió un gran riesgo y se expandió a otros países que nunca habían oído de él o de su cadena de restaurantes. Pronto estaba vendiendo comida en México, Canadá, Sudamérica, Asia y Europa. Los analistas profesionales le dijeron que era un tonto y que a la gente en otros países no le gustaría su comida. Él incluso le ofreció a Walt Disney hacerse socios, pero Disney lo rechazó.

Para la sorpresa de mucha gente (pero no de Albert) sus restaurantes se hicieron increíblemente exitosos. Tuvieron éxito en cada estado y en cada país. Eran imparables.

Durante la década de su gran crecimiento en los años sesenta, su compañía estableció un récord como el negocio más rentable en el mundo.

Albert al principio fue considerado un intruso que no pertenecía al negocio de los restaurantes. Cuando comenzó, la gente acostumbraba ir a comer a restaurantes que ofrecían comidas completas con meseros que atendían a sus clientes. Nadie había visto un restaurante como los que Albert construyó. Se atrevió a hacer cosas que nadie había pensado.

Debido a que su idea parecía tan radical, mucha gente pensó que estaba loco. Fue rechazado y tratado con antipatía porque estaba determinado a intentar algo diferente. Los bancos no confiaban en él y no era respetado por muchos otros empresarios.

Pero Albert tenía algo especial en su corazón. Él creía en su idea y estaba dispuesto a trabajar duro y arriesgar su vida para verla hecha realidad.

El resultado fue espectacular. Operó tan exitosamente fuera de la corriente principal que él se convirtió en la corriente principal.

Albert ganó éxito, dinero y respeto. Escribió un nuevo capítulo en la historia de los negocios porque estuvo dispuesto a alcanzar el deseo de su corazón.

Me pregunto si Albert Kroc, conocido por sus amigos y familiares como «Ray», se dio cuenta de que cambiaría el mundo a través de vender miles de millones de hamburguesas McDonald's.

El padre de Albert «Ray» Kroc era checoslovaco; inmigró a los Estados Unidos, le enseñó a su hijo a trabajar, a no quejarse y a tener grandes sueños.

Este estadounidense de primera generación es un gran ejemplo del poder de perseguir esos sueños.

¿Qué podría hacer Dios en y a través de tu vida si tuvieras grandes sueños para su gloria y lucharas para hacer esos sueños realidad?

Pídele a Dios que revele su propósito para ti. Haz un plan para cumplir con ese propósito. Deshazte de tus miedos y ve. Es hora de ver lo que un gran Dios puede hacer con tu vida.

La Biblia dice en Jeremías 29.11: «*Porque yo sé muy bien los planes que tengo para ustedes —afirma el Señor—, planes de bienestar y no de calamidad, a fin de darles un futuro y una esperanza*». *(NVI)*

98 - No permitas que tu miedo te detenga

(diciembre 6-12)

Denver y yo éramos buenos amigos. Íbamos a la misma escuela y a menudo hacíamos excursiones por las montañas alrededor de nuestros hogares. Denver era listo y experto en el bosque y parecía que siempre sabía qué hacer, excepto por un problema. Tenía un miedo intenso a las serpientes.

Por lo general escalábamos en áreas fáciles con vistas panorámicas del valle abajo. A veces acampábamos y cocinábamos una comida simple mientras nos relajábamos en la luz tenue del sol por la tarde. Cada caminata era una experiencia especial.

Las montañas del este de Kentucky forman parte de una de las cordilleras más viejas de Norteamérica y están cubiertas de enormes rocas y peñascos que quedaron tras el derretimiento de los glaciares. Una de nuestras actividades favoritas era escalar los peñascos y probar nuestras habilidades para escalar.

Una tarde, después de la escuela, decidimos trepar por una pared rocosa que habíamos visto pero nunca habíamos intentado escalar. Llegamos a la cima sin demasiada dificultad y comenzamos a ascender la montaña. Era el principio del otoño y hacía mucho calor. Encontramos un viejo sendero y lo habíamos seguido por algunos minutos cuando llegamos a un claro.

De repente, Denver se detuvo enfrente de mí. Estaba paralizado y completamente callado. Allí mismo, en el medio del sendero, había una serpiente venenosa enrollada durmiendo. Medía por lo menos seis pies (1,8 m) de largo. Cubría tanto del sendero que no había manera de sortearla y tendríamos que dar la vuelta y volver a descender.

Denver observó a la serpiente por un minuto entero y luego, cuidadosamente, se movió a menos de un pie del reptil dormido. Luego se inclinó hacia adelante, tomó a la serpiente de la cola y tiró con fuerza hacia arriba. Sacudió a la serpiente como un látigo y su cabeza se desprendió y voló hacia el bosque.

Quedé conmocionado mirando a Denver sosteniendo el cuerpo de la serpiente muerta. De repente, se sacudió y lanzó los restos hacia los árboles. Luego me miró y dijo: «Me alegra que ya pasó. Tengo tanto miedo a las serpientes».

Me sentí confundido y le dije a Denver: «Si les tienes tanto miedo a las serpientes, entonces ¿cómo hiciste lo que acabas de hacer?». Denver me miró calmadamente y respondió: «No puedes dejar que tus miedos te controlen».

Caminamos por casi una hora en silencio. Rápidamente me di cuenta de que lo que acababa de ver a mi amigo hacer me reveló una de las lecciones más importantes de la vida. Realmente no puedes dejar que tus miedos te controlen.

La Biblia dice en 2 Timoteo 1.7: *«Pues Dios no nos ha dado un espíritu de timidez, sino de poder, de amor y de dominio propio». (NVI)*

En más de 300 ocasiones en la Biblia, Dios dice: «No temas».

Cuando el miedo domina tu imaginación, ves obstáculos y problemas en lugar de posibilidades y oportunidades. El miedo te hace dudar de Dios y creer el maligno. El temor causa que te enfoques en lo que no puedes hacer, no en lo que puedes hacer.

El temor te hace creer que todo será peor y serás barrido por tus circunstancias. La fe te hace erguirte con entereza y alcanzar lo mejor de Dios.

¿Cuántos resultados asombrosos nunca ocurren porque el temor te frena de siquiera intentarlo?

El temor es una forma de egoísmo porque concentra todo en ti. Confiar en que Dios es el camino a los grandes logros porque concentra todo en Él.

Mi amigo Denver sabía que su miedo a las serpientes no le permitía disfrutar de las montañas que amaba, por lo tanto, enfrentó su miedo y lo conquistó.

Esa es una lección que todos necesitamos recordar.

Confía en Dios y ¡no permitas que tu miedo te detenga!

99 - Eres más especial de lo que te imaginas

(diciembre 6-12)

Era una hermosa noche de abril. Yo había llegado temprano al Auditorio Hughes en el campus de la Universidad Asbury para asistir a un concierto. El llegar temprano fue una buena idea porque pronto la gente comenzó a entrar al auditorio hasta que desbordaba de asistentes.

La audiencia era joven, aunque la artista invitada estaba en sus setentas. Estábamos allí porque la mujer programada para el show era una leyenda de Hollywood.

El programa asombró a la multitud. La cantante todavía tenía las habilidades y el talento de una mujer más joven y sabía cómo capturar una audiencia. Por dos horas y media, ella nos emocionó e inspiró nuestros corazones. El concierto fue todo lo que uno quisiera que sea.

Durante el intermedio, me socialicé con la gente en los pasillos principales. Todos estaban emocionados con el poder y disfrute del show.

El segundo acto fue incluso mejor que el primero y la artista continuó dándonos una memorable exhibición. Cuando ella llegó al número final, anunció que deseaba contarnos una historia antes de cantar la última canción.

Nosotros sabíamos que no solo había tenido una carrera destacada en la música, sino también éxito en las películas. Ella fue la segunda mujer afroamericana nominada para el premio Óscar y la primera mujer afroamericana nominada para un premio Grammy en 1962.

Comenzó su historia dando gracias a Dios por su vida y éxito y luego explicó que se había separado de Dios cuando era joven y casi destruyó su vida. Cayó en la promiscuidad sexual y se hundió en una pesadilla de drogas y alcohol.

Tuvo poco apoyo familiar al principio. Su madre fue una niña de 12 años y ella el resultado de una violación a punta de cuchillo. Su abuela le dio tanto amor como pudo, pero la niña creció con serios problemas. Se casó dos veces y desarrolló una depresión profunda. Las drogas, el alcohol y el sexo promiscuo aumentaron su desesperación.

Ella nos contó cómo había llegado al final de su esperanza mientras vivía en la ciudad de New York y luchaba por continuar su carrera. Una noche, estaba tan aburrida que decidió acudir a una enorme reunión pública donde un joven ministro bautista estaba hablando. Era 1957 y el orador era Billy Graham.

Se sintió atraída por regresar a la arena la siguiente noche y puesto que amaba la música, se ofreció para cantar en el coro.

Después de varias noches, decidió aceptar la invitación de dedicar su vida a Cristo y dejó el coro para caminar hacia el frente con miles de otros. Ella nos contó cómo Dios la perdonó y la llenó de paz cuando le pidió a Jesucristo que fuera su Salvador.

Su identidad fue rápidamente revelada y Billy Graham pidió conocerla. Desarrollaron una maravillosa relación y ella cantó en las cruzadas de Graham por muchos años.

Cuando terminó su historia, ella cantó su número final, "His Eye is on the Sparrow and I Know He Watches Me". La gente en la audiencia lloró.

Me quedé hablando con algunos amigos después del concierto y tardé en salir del auditorio. Salí por una puerta lateral y caminé por una acera, pasando una limusina larga y negra estacionada en la curva. La puerta trasera estaba abierta y mientras yo caminaba, una voz me llamó. Me detuve y miré hacia la limusina. Una voz baja me pidió si me gustaría entrar y sentarme.

Acepté y me encontré sentado frente a Ethel Waters, la estrella de la noche.

Ella río y dijo que su chofer estaba consiguiendo algo para ella y que ella me había visto caminando solo y decidió hablar conmigo.

Hablamos por casi 30 minutos. Le dije cómo Dios había tocado mi corazón a través de su historia y su música. Ella fue cálida y graciosa y me hizo sentir cómodo.

Comenté sobre su historia y le pregunté qué la había tocado esa noche en la reunión de Billy Graham. Ella sonrió y dijo que cuando ella asistió por primera vez a la cruzada, sufría de una profunda depresión. Creía que no valía nada y nadie podría amarla verdaderamente. Dijo que mientras Graham estaba hablando, de repente se dio cuenta de que Dios la amaba y que, si Dios la amaba, entonces, ella era alguien que merecía ser amada. Luego, ella dijo la cosa más poderosa que oí en toda la noche. Me miró y dijo: «Dios me hizo. Y Dios no hace basura». Dijo que esa realización cambió la dirección de su vida.

El conductor regresó, ella se fue y nunca la volví a ver. Pero nunca he olvidado lo que ella dijo.

Lo mismo es cierto para ti. Dios te ama y Dios «no hace basura». Por lo tanto, tú definitivamente no eres basura. Eres especial. Estás hecho a la imagen de Dios.

Esto debería causar una explosión de gozo en tu corazón. Deja de hacer lo que estés haciendo y encuentra al Dios que te ama tanto y descubre Su propósito especial para tu vida. Hazlo ahora.

La Biblia dice en Génesis 1.27: «*Y Dios creó al ser humano a su imagen; lo creó a imagen de Dios. Hombre y mujer los creó y los bendijo...*». *(NVI)*

100 - Pequeños milagros

(diciembre 13-19)

El perro de mis padres murió justo después del Día de Acción de Gracias el año pasado. Era un bichón alegre y leal de nombre Rupert. Hubiera tenido 12 años en enero. La noche en que murió, mi madre llamó y me pidió que me apresurara a su casa porque algo le había ocurrido a Rupert y él no respondía. Llegué para encontrar a su amigo muerto en los brazos de mi padre.

Llamé a nuestro hijo Jonathan, quien es excepcionalmente efectivo en una crisis, y él llegó rápidamente. Después de consolar a sus abuelos, que estaban llorando, me ayudó a enterrar a Rupert.

Por los siguientes meses, yo alenté a mis padres para que compraran otro perro, pero todavía estaban dolidos y no seguros.

En marzo, mi padre fue al hospital para una cirugía rutinaria y relativamente menor, pero lo que empezó como algo menor, rápidamente se convirtió el algo mayor. Su condición se hizo seria y la cirugía más urgente. Mi padre estaba a dos semanas de llegar a su cumpleaños 90 y estábamos preocupados acerca del resultado.

Contactamos a nuestra familia y a muchos amigos para que oraran por papá, y la cirugía fue un éxito. Dios incluso nos guio a un excelente cirujano cristiano. Pero aunque la cirugía salió bien, a papá se le requirió quedarse en el hospital por una semana adicional.

Yo estaba viajando con mi madre cien millas de ida y vuelta al hospital y tuve la oportunidad de preguntarle sobre sus pensamientos acerca de otro perro. Dijo que extrañaba la compañía y estaba considerando la posibilidad. Agregó que, si pudiera tener otro perro, entonces, le gustaría un joven perro maltés. Le dije a mi madre que oraría para que Dios la guiara al perro correcto.

Cuando regresamos a casa, le pedí a Jonathan que buscara en línea un perrito maltés para que pudiéramos analizar nuestras opciones.

El siguiente día, Amy y yo fuimos al centro para almorzar y estábamos regresando a casa cuando una vecina nos interceptó. Nos preguntó si queríamos un perra, y le preguntamos qué quería decir. Ella explicó que tenía una amiga con un maltés de ocho meses que ella no podía cuidar y nos preguntó si estaríamos interesados en llevarnos la perrita.

Llamé de inmediato a mi madre, quien se emocionó y pidió conocer al extraño peludo. Hicimos una cita con la dueña y mi mamá de inmediato formó una conexión con la pequeña maltés. Acordamos en tomar posesión de ella el siguiente día.

Tuvimos a la pequeña de ocho meses la primera noche y esperamos hasta que el transporte trajera a mi padre a casa del hospital para sorprenderlo con la nueva incorporación a la familia. Papá había expresado dudas acerca de obtener otro perro y había querido esperar para decidir, así que no estábamos seguros cómo iba a reaccionar.

Una vez que papá estaba en casa y sentado cómodamente en el sofá, yo abrí la puerta y Jonathan liberó a la perrita blanca como la nieve. Corrió hacia el sofá, saltó junto a papá y se acomodó junto a él. No se movía. Mi padre la miró por un momento y luego dijo: «Nunca podremos deshacernos de esta perrita».

Cotton Ball ha sido la perrita perfecta para mis padres. Es afectuosa, de naturaleza gentil y llena de una energía feliz. Es fácil de manejar y es inteligente y divertida.

Cotton es un ejemplo de uno de los «pequeños milagros» de Dios.

Piensa por un momento acerca de todos los elementos específicos de su llegada.

Ella era una joven perrita maltés. Mamá quería un perrito maltés joven.

Nos la ofrecieron en el momento exacto cuando mi madre y padre más la necesitaban.

Fue virtualmente gratis y fácilmente se adaptó a su presupuesto.

Tiene el temperamento ideal para ser su amiga.

Se apegó en segundos con mi padre, quien probablemente más la necesitaba.

Llegó a nuestras vidas después de que oramos a Dios para que nos diera el perro correcto.

Yo no creo que ninguno de esos detalles fue una coincidencia. Creo que un Padre Celestial amoroso eligió otorgar un pequeño milagro porque Él ama a mis padres.

Este es el Dios que creó todo el universo. Este es el Dios que puede hacer literalmente CUALQUIER COSA. Y también es el Dios que a veces hace que ocurran las pequeñas cosas solo porque nos ama (a todos) ¡Qué gran Dios!

Cuando «elijas la grandeza», siempre recuerda que estás eligiendo seguir los principios de este gran Dios.

La Biblia dice en Zacarías 4.6, 10: *«No será por la fuerza, ni por ningún poder, sino por mi Espíritu —dice el Señor Todopoderoso — ...se alegrarán los que menospreciaron los días de los modestos comienzos». (NVI)*

101 - Salvando la Navidad

(diciembre 13–19)

Sparky estaba en la cresta de una ola internacional de aclamaciones y éxito. Su idea de crear una historia que enfatizara las alegrías y luchas de niños ordinarios de una escuela primaria había resonado con millones de personas que vieron sus propias infancias reflejadas en sus escenas vívidas y humorísticas.

Cuando el productor de televisión de CBS, Lee Mendelson, le preguntó a Sparky si le gustaría desarrollar un programa de televisión navideño basado en su creación, Sparky ansiosamente aceptó.

La compañía Coca-Cola firmó como patrocinador y se comenzó el trabajo en el proyecto. Algunos ejecutivos de CBS no estaban seguros sobre el programa, pero Mendelson persistió.

Cuando el guion final fue aprobado, surgió un gran problema. Sparky había escrito un momento simple y emocionante cuando uno de los actores se pondría en pie y leería la historia del nacimiento del bebé Jesús, textualmente, del Evangelio de Lucas. Cuando Mendelson vio el guion, insistió en que se cortara, declarando que la verdadera historia leída directamente de la Biblia afectaría a los espectadores y alejaría a los patrocinadores. La escena estaba programada para ser eliminada y Mendelson regresó a la producción.

Cuando Sparky se enteró del corte, inmediatamente organizó una reunión con Mendelson. Sparky defendió apasionadamente la inclusión de la historia de Navidad como la expresión del verdadero significado de la Navidad. Luego Sparky hizo lo inesperado. Dijo que retiraría su apoyo para el programa si la escena era removida. Cuando Lee se dio cuenta de que Sparky no iba a ceder, de mala gana aceptó mantener la escena de la natividad.

Charles Schulz, conocido por sus amigos como «Sparky», creía que Dios lo había bendecido con su tira cómica llamada «Peanuts» y que esa primera presentación televisada de su creación debería honrar la verdadera esencia de la Navidad. Schulz peleó por salvar la Navidad, porque él creía que el conocer al Cristo de la Navidad era la cosa más importante en la vida.

Tanto los ejecutivos de CBS como de Coca-Cola predijeron el fracaso del programa, pero la respuesta de la audiencia fue estupenda. El especial fue estrenado el 9 de diciembre de 1965, a las 7:30 p.m. (adelantándose a *Los Munsters*). El 45 % de todos los hogares estadounidenses, un total de 15,490.000 personas, lo vieron. Un aluvión de correo llegó a las oficinas generales de CBS, elogiando el programa. La mayoría de las cartas especificaban que la historia de Navidad de Lucas era la mejor parte del programa. A la gente le encantó el *Especial Navideño Peanuts* y su popularidad continúa hasta la actualidad.

La Navidad es la celebración del milagroso nacimiento del Salvador que todos necesitamos. El bebé Jesús creció para hacerse hombre, sacrificó su vida en la cruz por ti y por mí, se levantó de entre los muertos y vive ahora para darnos a todos la vida de paz y realización que Dios quiere darles a todos los que reciben a su Hijo como su Salvador. ¡WOW! ¡SÍ vale la pena pelear por el mensaje de la Navidad!

No es un día festivo cualquiera. Es Navidad.

La Biblia dice en Isaías 9.6: *«Porque un niño nos es nacido, hijo nos es dado, y el principado sobre su hombro; y se llamará su nombre Admirable, Consejero, Dios Fuerte, Padre Eterno, Príncipe de Paz». (RVR1960)*

102 - Una celebración navideña

(diciembre 20-26)

Hace poco, estuve en El Salvador para hablar en una conferencia. La experiencia fue estimulante y gozosa. Casi 1.000 personas exuberantes llenaron el auditorio para el seminario, y la respuesta fue volcánica. Esto fue apropiado porque la sede para la convención estaba cerca de un volcán real, uno de los 24 que se encuentran a través del pequeño país.

Tomaba mi desayuno cada mañana en un hermoso restaurante que se extendía hacia una veranda rodeada de una abundante vegetación tropical. Las majestuosas palmeras estaban enmarcadas por flores en vívidos y flameantes colores. El volcán, con su cráter envuelto en niebla, coronaba la escena.

Corrí varias millas la primera mañana, subiendo y bajando por calles alineadas con negocios exclusivos y aun más flores tropicales. Numerosos pájaros volaban y cantaban sobre mi cabeza. Los líderes salvadoreños que fueron mis anfitriones y las personas que acudieron al seminario eran, incluso, más placenteras que todo el entorno. Fue una experiencia mágica.

La noche final, me llevaron a un complejo de restaurantes al aire libre situado a unos 5.000 pies (1,5 km) de altura en la ladera del volcán. La vista espectacular de San Salvador estaba acompañada por una vegetación incluso más densa y atractiva repleta de colores. Me presentaron un platillo salvadoreño especial llamado pupusas. Fue una de las comidas más deliciosas que alguna vez he probado. Me comí tres. Me dieron el mejor chocolate caliente—sin exagerar—que alguna vez he disfrutado y cuando lo halagué, me dijeron que granos de cacao locales habían sido cosechados y procesados para producir mi bebida. Terminé con una bebida verde brillante sin alcohol que estaba hecha de canela y semillas locales. Sabía como a masa de pastel líquida.

Todo esto fue fabuloso, pero todavía mejor fue lo que aprendí la primera noche de mi llegada. Mi conductor desde el aeropuerto me preguntó si podía hacer una desviación antes de llevarme al hotel. Deseaba mostrarme algo especial. Yo acepté y recorrimos calle tras calle llena de deslumbrantes luces de Navidad y exhibiciones divertidas de Papá Noel, los renos y los elfos. Las familias con niños jugueteaban en todos lados en el clima de ochenta grados. Había una atmósfera de un gozo festivo. Incluso pude ver el árbol de Navidad más alto en América Central.

Pero lo que más me impresionó fueron las hermosas escenas de la natividad diseminadas a través del área. El bebé Jesús estaba en todos lados. Más tarde, aprendí que El Salvador es una nación cristiana devota (de ahí su nombre) y que la Navidad no solo se celebra, sino que tiene un significado profundo.

La Navidad también es profundamente significativa para mí y mi familia. Nos encantan los cascabeles, las luces de colores, las galletas deliciosas, las fiestas felices, las campanas plateadas, los villancicos familiares y alegres, las visitas a Papá Noel, a los elfos en los anaqueles, y la profusión del rojo y verde. Sin embargo, lo que más amamos es que es y siempre será la celebración del nacimiento de nuestro salvador Jesucristo. Es el perdón, la paz, el propósito y el poder de nuestra relación con Cristo lo que significa todo para nosotros. Jesús, el hijo de Dios, el bebé en el pesebre, se llevó nuestros pecados al perecer en la cruz, se levantó de entre los muertos y por siempre demostró el significado de la Navidad. Gracias, Jesús, y feliz cumpleaños.

Y para toda nuestra familia Ballpoint, les deseamos una muy, pero muy feliz Navidad.

«Porque nos ha nacido un niño, se nos ha concedido un hijo; la soberanía reposará sobre sus hombros, y se le darán estos nombres: Consejero admirable, Dios fuerte, Padre eterno, Príncipe de paz. Se extenderán su soberanía y su paz y no tendrán fin». (Isaías 9.6–7 NVI)

103 - Finales felices

(diciembre 20-26)

Cuando Carl Einar Gustafson tenía 11 años, fue diagnosticado con linfosarcoma, también conocido como linfoma no hodgkiniano, una temida enfermedad que, cuando se tiene en la infancia, tiene un promedio de fatalidad del 70 %. Los padres de Carl lo consideraron como una sentencia de muerte.

Víctimas de la desesperación, pusieron a su hijo en el cuidado del Dr. Sidney Farber, fundador de Children's Cancer Research Foundation. El médico de Boston rápidamente se decidió por una estrategia poco común para animar y ayudar a su joven paciente.

El Dr. Farber había sido contactado por los representantes de un programa popular de televisión llamado *Truth or Consequences* (Decir la verdad o atenerse a las consecuencias) para sugerencias de posibles invitados al programa. Él recomendó a Carl y para proteger su identidad, pidió al director del programa que lo llamara «Jimmy». El director asintió.

Cuando Jimmy apareció en el programa como un invitado misterioso, el anfitrión, Ralph Edwards, comenzó haciéndole al chico enfermo una pregunta acerca de su (la de Carl) equipo favorito de béisbol de Liga Nacional, los Boston Braves (ahora en Atlanta).

Edwards le preguntó a Carl: «¿Quién es el receptor de los Braves, Jimmy?».

El chico respondió: «Phil Masi».

«Correcto», respondió Edwards, quien luego preguntó: «¿Has conocido alguna vez a Phil Masi?».

«No», respondió el niño.

En ese momento, se oyó una voz desde la parte trasera del escenario que dijo: «¡Hola, Jimmy! Mi nombre es Phil Masi».

El receptor de Boston luego caminó hacia el escenario, seguido por todo el plantel de los Boston Braves.

Después de que todos se habían reunido en el escenario, el entrenador de Boston anunció que el equipo había decidido denominar el próximo doble juego, programado contra los Chicago Cubs el siguiente día, como el «Día de Jimmy».

Ralph Edwards luego le dijo a la audiencia de la televisión que si podían recaudar $20.000 para ayudar a Jimmy esa noche, entonces Edwards colocaría un televisor (cuando no eran comunes) en el cuarto de hospital de Jimmy para que pudiera ver los juegos. Los televidentes estadounidenses, típicamente generosos, sorprendieron a todos al enviar $200.000 antes de que terminara la noche.

Los Braves se contagiaron, ganaron el campeonato de Liga Nacional y fueron a la Serie Mundial. Fue un maravilloso final feliz, pero lo mejor estaba todavía por venir. El «Fondo Jimmy» se convirtió en una parte permanente de los fondos para la investigación del cáncer infantil. Todavía sigue vigente en New England y, hasta la fecha, ha recaudado 750 millones de dólares para ayudar a eliminar el cáncer infantil.

Y ¿qué pasó con Carl? La mayoría de la gente que conocía la historia asumió que había muerto por la enfermedad, pero no. Bajo el cuidado del Dr. Farber, se recuperó, regresó a su hogar en Maine y creció para convertirse en adulto. Se convirtió en chofer de camión y comenzó su propia compañía de construcción. Se casó con una joven mujer y con el tiempo, se hizo fanático de los Boston Red Sox cuando los Braves se mudaron a Milwaukee en su camino a Atlanta.

Se le pidió que hiciera el primer lanzamiento en un

juego entre los Red Sox y los New York Yankees en el Parque Fenway en Boston en 1998 y recibió una ovación de pie.

Fue otro «final feliz».

Siempre recuerda animarte a ti mismo al enfocarte en finales felices. Sí, algunos eventos y experiencias son tristes y difíciles, pero muchos otros son buenos y positivos. Si siempre te enfocas en los finales tristes, puede que olvides todas las excelentes bendiciones que Dios permite.

Los estudios en la psicología conductista han descubierto que la decisión de ser ya sea optimista o pesimista tiene un efecto poderoso en tus sentimientos de felicidad. Cuando eliges ver el mundo a través del lente de la bondad de Dios, cambia la forma en la que experimentas la vida.

Si estás enfrentando circunstancias difíciles, mi oración es que Dios te confortará, te dará fortaleza y te ayudará. Sin embargo, todavía recuerda «mirar hacia arriba» y esperar el aliento de Dios. Siempre recuerda las cosas buenas.

Busca los «finales felices» en todo tu alrededor y usa esa energía positiva para elevarte a alturas más grandes.

El final más feliz que conozco es el milagro de la Navidad. Dios vio gente quebrantada, caída y pecadora y decidió venir a rescatarnos. Dios entró a la historia humana como un bebé indefenso, nacido en un pesebre, para que Él mismo pudiese llegar a ser nuestro Salvador.

La próxima vez que necesites un «final feliz», piensa en ese bebé, piensa en Jesucristo y piensa en su amor, su muerte por ti y su resurrección. Piensa en cómo puedes tener una nueva vida en Cristo debido a la Navidad. Piensa en todo eso y sé feliz.

La Biblia dice en Filipenses 4.8: *«Por ultimo, hermanos, consideren bien todo lo verdadero, todo lo respetable, todo lo justo, todo lo puro, todo lo amable, todo lo digno de admiración, en fin, todo lo que sea excelente o merezca elogio».* (NVI)

104 - Lo mejor

(diciembre 27–31)

En 1979, Stanley Marcus, en ese entonces el presidente de la junta de directores de las tiendas departamentales de lujo Neiman Marcus, publicó un libro titulado *The Quest for the Best* (En busca de lo mejor). El libro hacía una crónica de la búsqueda de Marcus para hallar lo mejor de todo alrededor del mundo. Investigó todo, desde el mejor chocolate del mundo (Bélgica) hasta las mejores papas (también Bélgica). Su obra es una celebración de cualquier cosa que sea lo mejor.

En 1950, la Associated Press le pidió a un panel de periodistas deportivos que seleccionaran al mejor atleta estadounidense del siglo 20. Ellos abrumadoramente eligieron a Jim Thorpe.

Thorpe era un nativo americano que medía seis pies de alto (1,8 m) y pesaba 190 libras (86 kg). Comenzó su carrera impresionante en el Instituto Carlisle. Durante su tiempo allí, anotó 25 *touchdowns* y 198 puntos y fue incluido en el equipo nacional del año en 1912. Él luego ganó dos medallas de oro en los Juegos Olímpicos de 1912 en Estocolmo por el pentatlón y el decatlón.

Thorpe después cambió su atención al béisbol. Consiguió un porcentaje de bateó de .327 para los Boston Braves en 1919. Thorpe después jugo fútbol americano como profesional y se convirtió en uno de los mejores jugadores de la nación. Era tan famoso cuando murió en 1953 que dos pueblos en Pennsylvania, Mauch Chunk y East Mauch Chunk, fusionaron sus identidades municipales y se reconstituyeron como el pueblo de Jim Thorpe.

Todos se inspiran por lo mejor. Cada año, se estrenan listas que presentan las mejores películas, canciones, libros y videojuegos. Lo mejor de cualquier cosa proporciona un estándar de excelencia que eleva a todos los demás.

¿Qué puedes hacer tú este año que viene que pueda ser lo mejor de ti? ¿Qué puedes lograr que inspire a otros a seguirte? ¿Qué compromiso puede llevarte a la excelencia? ¿Cómo cambiaría tu vida si algo que hicieras fuera verdaderamente lo mejor de ti?

Emociónate. Puedes decidir hacer que este sea tu mejor año. Este año que viene puede lanzarte a un nivel que la mayoría de la gente solo podría soñar con alcanzar.

Decide hacer que todo lo que hagas sea «lo mejor» y observa como los resultados te llevan a la cima.

¡Prepárate para el mejor viaje de tu vida!

La Biblia dice en 1 Corintios 10.31: *«En conclusión, ya sea que coman o beban o hagan cualquier cosa, háganlo todo para la gloria de Dios». (NVI)*